Für Mama

Einen Augenblick staunen

mit den besten Wünschen!

Th. Gröbly

Variationen über Sterben, Nachhaltigkeit und friedfertiges Leben

KKL 22.4. 2023

Schatten

Einen Apfelbaum
setz ich heute
und
werde nie in
seinem Schatten
in einen
Apfel beissen

Edition
Volles
Haus

Impressum

ISBN 978-3-03881-009-4
Verlag Edition Volleshaus – www.volleshaus.ch

2. Auflage, Basel, Januar 2023

Lektorat: Anouk Holthuizen
Korrektorat: Pavel Novak
Layout, Gestaltung und Satz: Fred Frohofer

Covergestaltung: Silla Gröbly und Marco Hediger
Covervorlage: «Ash, 2003» in Woodcut by Bryan Nash Gill. New York: Princeton Architectural Press, 2012, pg. 21

Druck: Ropress, Zürich
Papier: RecyStar Nature FSC (100% Recycling)
Schriften: Libertine & Biolinum Open Fonts
Bindung: Bubu AG, Mönchaltorf

Für meinen Enkel Norin

Lieber Norin

Dieses Buch widme ich dir. Du bist mein erstes Enkelkind und erblicktest im Sommer 2020 das Licht dieser Welt. Wenn du 80 Jahre alt sein wirst, was nicht unwahrscheinlich ist, wird es das Jahr 2100 sein. Für mich eine ferne Zeit. Ich bin schon glücklich, wenn ich 2030 erlebe. Wie wird die Welt 2050, 2080 oder 2100 aussehen? Was wirst du essen und trinken? Worüber wirst du dich freuen? Was wird dich bekümmern? Wirst du Kinder haben? Zuversichtlich sein? Was wird dich zum Staunen bringen und zum Lachen?

Ich widme dieses Buch dir, weil die Natur und Gesellschaft aus den Fugen geraten sind und ich mir grosse Sorgen mache, dass du in dieser Welt irgendwann nicht mehr gut leben kannst. Hoffentlich sind sie unberechtigt. Doch mit hoher Wahrscheinlichkeit wirst du dich mit Problemen herumschlagen, die meine Generation verursacht hat. Ein schreckliches Gefühl.

Diesen Text schreibe ich für dich, und zugleich wende ich mich darin an alle. Denn wir alle sind von den Folgen eines irrsinnigen und gewaltsamen Handelns betroffen und haben es in der Hand, zur Heilung beizutragen. Mit diesem Büchlein möchte ich Menschen anregen, ihre Haltung zu überdenken und entsprechend zu handeln. Ich wünsche mir, dass es hilft, nicht zu resignieren, sondern liebevoll mit den Menschen und der Natur umzugehen. Denn so können wir vielleicht wieder eine Welt schaffen, in der du, Norin, unbeschwert leben kannst.

Ich beobachte dich oft. Es berührt mich, wie du ohne Wertung neugierig die Welt in dich aufnimmst. Es ist dir egal, dass ich graue Haare, Falten im Gesicht habe oder kaum mehr gehen kann. Du bist im Jetzt präsent, strahlst mich an. Mich berührt auch, wie hilfsbedürftig du bist – genau wie ich. Meine Abhängigkeit hat allerdings einen ganz anderen Grund als deine. Ich leide an einer schweren Nervenkrankheit. Diese hat mir die Augen für etwas geöffnet, das auch dich eines Tages erwartet: das Sterben. Die Krankheit zwingt mich, meine Begrenzungen anzunehmen. Und sie zeigt mir noch etwas mit aller Deutlichkeit: Grenzen zu respektieren, und zwar nicht nur die eigenen, sondern auch die von allen anderen Lebewesen. Das ist dringend notwendig, wenn wir die Erde lebendig erhalten wollen.

Norin, ich bin beeindruckt, wie du auf Pflanzen reagierst. Du hast schnell gelernt, Blumen sorgsam zu berühren und sie nicht abzureissen. Du erkundest aufmerksam die Welt und scheinst noch mit dem Paradies verbunden zu sein, mit einem feinen Gespür für Wunder. Mein Enkelkind, ich ermutige dich, für die Überraschungen und Geheimnisse des Lebens so respektvoll und offen zu bleiben.

Über dieses Buch

Dieses Buch handelt davon, warum es so weit kommen konnte, dass der Mensch die Gaben der Natur missbraucht. Sie kann sich nicht mehr erholen, sondern zeigt immer deutlichere Krankheitssymptome. Ich analysiere nur am Rande verschiedene ökonomische Systeme, sondern reflektiere die Haltung, mit der wir unserer Mitwelt begegnen. Und ich gebe Impulse, wie wir ihr wieder mit Respekt begegnen können. Ich bin ein weisser, älterer Mann, gut ausgebildet, finanziell abgesichert und sozial gut eingebettet.

Ich habe weder Rassismus, Sexismus oder grobe Gewalt erfahren. Kurz: Ich bin privilegiert. Ich lege das offen, weil die individuelle Ausgangslage immer das Denken und Fühlen und somit das Schreiben beeinflusst. Ich lebe zudem mit meiner Partnerin zusammen, die wegen meiner Krankheit die meiste Arbeit im Haushalt übernehmen musste. Ohne ihre grosse Hilfe wäre ich aufgeschmissen. Viele Ideen und Gedanken in diesem Buch sind in gemeinsamen Gesprächen entstanden. Ohne sie wäre das Buch nie entstanden. Ich bin ihr unendlich dankbar für die Unterstützung und Ermutigung.

Das erste Kapitel «Trotz allen Trennungen verbunden» handelt von den verheerenden Folgen einer kulturell tief verankerten Trennung zwischen den Menschen und zwischen Mensch und Natur, die mir nun, in meiner Auseinandersetzung mit meiner Krankheit, noch stärker bewusst geworden ist. Über diese Gräben schreiben verlangt, zugleich das Verbindende zu betonen und die Sehnsucht nach einem guten Leben, dass alle Menschen gemeinsam teilen. Dabei erkläre ich, warum ich meine Ideen von Friedfertigkeit dem Konzept von Nachhaltigkeit vorziehe. Konfrontiert mit meinen eigenen Begrenzungen entwickle ich Anregungen, wie wir die Grenzen des Planeten respektieren können.

Im zweiten Kapitel «Mein Staunen führt mich zum Lieben» geht es um die Haltungen, mit denen wir den Ängsten vor dem Tod und dem Zerstörungswahn gegenüber der lebendigen Erde begegnen können. Trotz allen Widrigkeiten plädiere ich für eine Liebe gegenüber allen Menschen und Lebewesen. Es ist gleichzeitig eine Nächsten- und Naturliebe.

Das dritte Kapitel «Friedfertig werden» führt zur Ermächtigung und Friedfertigkeit im Alltag und wie diese realisiert werden könnten. Verantwortungsvoll handeln ist angesichts der grossen sozialen und ökologischen Herausforderungen dringend nötig. Ich lade dazu ein, die Natur zu lieben und ins Zentrum des gesellschaftlichen Handelns zu stellen. Anstelle des anthropozentrischen tritt das ökozentrische Weltbild.

Mein Buch schliesst mit einem zweiten Brief an Norin und einem Brief der deutschen Erziehungswissenschaftlerin und Autorin Marianne Gronemeyer, die sich eingehend mit der Überflussgesellschaft befasst hat. Angehängt ist ein bereits publizierter Text mit meinen Gedanken zu Suizidbeihilfe und Sterbefasten.

Trotz allen Trennungen verbunden

Ist ein Baum ein Baum

Eiche

Ich kann keine Bäume
Mehr ausreissen
Mir fehlt die Kraft
Ich kann aber noch
Langsam
Eicheln setzen

Die Bäume und der Wald sind mir Heimat. Mit Bäumen um mich herum geht es mir gut. Sie sind schön, kräftig, voller Leben, manche sind majestätisch, andere verkrüppelt oder tot.

Jeder Baum ist ein einzigartiges Individuum. Jeder ist Wohnort und Gegenüber für andere Lebewesen. Bäume und Wälder bedeuten für alle etwas anderes. Für die Forstwartin sind sie Teil eines komplexen Ökosystems; für den Holzhändler Bretter und Balken; für Amseln Brutplatz und Revier; für den Sportler ein Spielfeld mit frischer Luft. Bei der Pflanzenforscherin löst das Wide Wood Web, das riesige Netz von Wurzeln, Pilzen und Bodenlebewesen und ihrer Kommunikation, Bewunderung und Neugier aus. Für die Politikerin sind Wälder Erholungsraum und eine Möglichkeit, CO_2 zu binden; Kindern bieten sie eine Umgebung zum Entdecken und Staunen, für den Lyriker sind sie Inspiration für Gedichte. Suchende finden im Baum die tiefe Verbundenheit von allem Leben.

Als junger Mann und Bauer fällte ich gedankenlos Bäume, oft für Brennholz und einmal für eine Waldstrasse. Mit der Motorsäge einen Baum zum Kippen bringen, empfand ich als lustvoll. Es gehörte zu meiner Arbeit, und niemand hinterfragte es. Sterben, Töten und Tod waren zu meiner Zeit beim Bauern selbstverständlich. Meine Verbundenheit mit Bäumen realisierte ich nicht.

Seit ich mit einer schweren Krankheit konfrontiert bin, denke ich vermehrt über die Beziehungen zwischen den Lebewesen nach. Im Frühling 2016 wurde bei mir Amyotrophe Lateralsklerose (ALS) diagnostiziert, eine in der Regel unheilbare Nervenkrankheit. Es war ein schwerer Schock.

ALS ist eine degenerative Erkrankung des zentralen und peripheren Nervensystems, wobei sich die Muskelsubstanz an Armen und Beinen, am Sprech-, Kau- und Schluckapparat kontinuierlich zurückbildet. Bei mir ist der ganze Körper betroffen, wobei im Frühling 2022 noch kein Muskel vollständig lahm ist. Die Muskeln werden langsamer und steif. So kann ich kaum noch gehen, der Alltag ist beschwerlich und mühsam. Eine beginnende Zungenlähmung verlangsamt und erschwert das Sprechen. Ich werde immer wieder wütend, wenn ich den Knoblauch kaum mehr schälen kann oder nur umständlich den Hausschlüssel ins Schloss bringe. Den Gang ins andere Zimmer überlege ich mir zweimal. Für immer mehr Tätigkeiten bin ich auf Hilfe angewiesen.

ALS hat mich verändert. Ich bin verletzlich wie alles Leben, wie unsere lebendige Erde. Meine Verwundbarkeit schärft meine Sinne für die Gefährdung anderer Menschen und Lebewesen. Eigentlich verfügen wir alle über einen Impuls, andere zu beschützen. Norin würde ohne den Schutz Erwachsener vorwärts die Treppe runterkriechen und sich verletzen, denn er kennt keine Angst. Wenn eine alte Frau vor mir auf der Strasse stolpert, helfe ich ihr auf. Diese natürliche Regung, die in allen angelegt ist, könnte helfen auch jene zu schützen, die nicht in unserer unmittelbaren Umgebung sind. Tatsächlich sehe ich sie in zahlreichen Initiativen rund um die Welt, und das stimmt mich hoffnungsvoll.

Meine Partnerin, meine Tochter, meine Freunde und viele andere helfen mir im Alltag. Dafür bin ich unendlich dankbar. Ich könnte unmöglich alleine leben. Meine Schwäche und Hilfsbedürftigkeit verbinden mich mit allen Menschen, Lebewesen und der Natur: Sie lassen mich spüren, dass wir alle voneinander abhängig sind. Den Sauerstoff, den ich einatme, haben Pflanzen ausgeatmet. Das Kohlendioxid, das ich ausatme, ist wiederum Nahrung für Pflanzen.

Meine Abhängigkeit zeigt mir meine Grenzen auf. Möchte ich mein Manuskript und die Stifte in ein anderes Zimmer bringen, packe ich sie in einen Rucksack oder ich bitte jemanden, sie hinüberzutragen. ALS stellt mir grosse Hürden in den Weg. Grenzen erleben jedoch alle Menschen – körperliche, psychische oder soziale. Selbst junge Menschen lernen, dass nicht alles möglich ist. Eine anstrengende oder unbefriedigende Arbeit, Stress, Existenzangst oder ein schwieriger Chef fordern viel Kraft ein. Fehlen Mut, Talent, Fähigkeiten, Geld oder Unterstützung, kann das ebenfalls die Grenzen der eigenen Möglichkeiten bewusst machen. Auch das Alter ist nichts für Feiglinge, wie meine Mutter oft sagte. Das Leben ist ein Versuchsfeld, auf dem wir immer wieder mit Begrenzungen umgehen lernen. In meiner Situation frage ich mich: Wie kann ich mit mir und der Welt umgehen? Wie können wir als Gesellschaft die wunderbaren Gaben des Planeten respektieren? Wie können wir gute Lebensbedingungen für alle ermöglichen?

In einem der Gespräche mit meiner Partnerin entstand die These, dass unsere Begrenzung durch den Tod mit den Grenzen des Planeten Erde verwandt ist und dass die Angst vor dem Tod die Grenzen, sowohl die eigenen, wie auch die der Erde, vergessen lässt. Das Konzept der Nachhaltigkeit bedeutet letztlich, diese Grenzen zu respektieren. Somit gibt mir die Auseinandersetzung mit meiner Krankheit und mit meinem Sterben wichtige Hinweise und Impulse. Was kann ich vom Sterben fürs Leben und Lieben lernen?

In meinem Nachdenken über meinen Tod und die Erde mit ihren Lebewesen bin ich zum Schluss gekommen, dass der Begriff Friedfertigkeit besser passt als der Begriff Nachhaltigkeit. Er drückt klarer aus, mit welcher Haltung wir zu einem anderen, dringend notwendigen Welt- und Menschenbild kommen. Ich bin sicher: Respektieren wir die Natur, achten wir automatisch auch besser auf unsere Mitmenschen und reduzieren Ausgrenzung, Diskriminierung und Gewalt.

Armut, Ungerechtigkeit und die Bedrohung unseres wunderbaren blauen Planeten beschäftigen mich seit langem. Der dramatische Klimanotstand oder die Folgen der Covid-19-Pandemie sind nur die Spitze des Eisbergs. Wir sind in einer vielfältigen Krise, die technische Massnahmen oder ökonomische Anreize allein nicht lösen können. Die finnisch-nigerianische Journalistin Minna Salami (*1978) formuliert es so: «Wir haben enorme wirtschaftliche, wissenschaftliche und technische Fortschritte gemacht, doch ohne einen entsprechenden psychologischen und gesellschaftlichen Fortschritt haben uns jene Fortschritte lediglich an den Punkt gebracht, an dem wir uns heute befinden – auf dem Weg in ein ökologisches, politisches und soziales Desaster von bisher unvorstellbaren Ausmassen.» (Salami 2021: 55) Es braucht einen Wandel in unseren Seelen, eine emotionale Verbindung mit Allem. Warum nicht mit dem Umarmen eines Baums beginnen?

Lebenswille und Stille

Dazwischen

Mein Sterben vertieft
Die Beziehung zu mir
Mein Schweigen
Lässt mich hören
Meine Körperlosigkeit
Lässt mich tasten
Mein Nichts
Belebt mein
Dazwischen

Albert Schweitzer (1875–1965) war Tropenarzt in Gabun. Die Natur Afrikas erlebte er als bedrohlich. Dennoch stellte er den Wert seines eigenen Lebens nicht über jenes von Schlangen, Affen oder Skorpionen. In der Schrift «Ehrfurcht vor dem Leben» schrieb er: «Ich bin Leben, das leben will, inmitten von Leben, das leben will» (Schweitzer 1984: 21). Diese Haltung bedeutet mir viel: auf Augenhöhe und in Verbindung sein mit allem Leben. Was für ein revolutionärer Gedanke.

Wenn ich anerkenne, dass ich Teil eines grossen Ganzen bin, ist das der Boden von Spiritualität. Im Begriff Spiritualität steckt Hauch und Atem, der alle Lebewesen verbindet. Das grosse Wort benutze ich nur ungern. Spiritualität ist ein Allerweltsbegriff, ein Sammeltopf für verschiedene Vorstellungen von Glauben und Transzendenz. Nun, mit meinem Sterben vor Augen, wo das Materielle an Bedeutung verliert, drängen sich aber Fragen zur geheimnisvollen Lebensenergie auf. Ich vermute, dass ich nach dem Tod in irgendeiner Form als Seele leben werde. Das bleibt spekulativ, aber darüber nachdenken kann ich trotzdem. So wie niemand erklären kann, was Leben ist und wie es entsteht, weiss niemand, was nach dem Tod sein wird.

Der Schriftsteller Lorenz Marti (1952–2020) umschreibt Spiritualität als «langer, entspannter Blick auf das, was jetzt ist» (Marti 2019: 14). Ich ergänze: ein «langer, entspannter, nicht wertender Blick». Ohne Wertung annehmen was jetzt ist, macht die Verbindung mit allem erfahrbar. Es ist ein Blick, der alle Sinne, auch die Gefühle umfasst. Ich nehme mir Zeit und halte die Stille aus. Beim Meditieren kann ich mit geschlossenen Augen schauen. Damit gehe ich über die üblichen Sinneswahrnehmungen hinaus und registriere Dinge, die über das Alltägliche hinausgehen. Das tönt simpel, doch wie oft bin ich gedanklich in der Vergangenheit oder in der Zukunft, aber nicht im Jetzt und Hier? Auch in der Meditation schweife ich immer wieder ab. Indem ich auf meinen Atem achte, hole ich mich ins Jetzt zurück – meistens nur kurz, bis ich wieder die Menge Risottoreis für sechs Personen berechne.

Das Dasein im Jetzt kann ich jederzeit üben: beim Zähneputzen, Kartoffeln waschen oder in einem Gespräch. Bei Norin hatte ich den Eindruck, dass er in seinem ersten halben Lebensjahr fast immer im Jetzt lebte. Wenn er trank, nach etwas griff oder etwas anschaute: Er war ganz präsent. Er konnte lange in mein Gesicht schauen. Nun etwas älter, lässt er sich von den vielen Eindrücken ablenken und zeigt mit dem Finger immer wieder auf einen anderen Gegenstand.

Nicht zu werten ist schwierig. Mein Denken und Fühlen sind von meinen Mustern geprägt, die blitzschnell in Gut und Böse, in gewünscht und unerwünscht oder in interessant und langweilig einteilen. Zur Spiritualität gehört für mich das Bemühen, mir diese Muster bewusst zu machen und nicht zu urteilen. Nicht zu schubladisieren hilft, das Verbindende zu stärken. Wenn ich in der Meditation meinen Atem beobachte, realisiere ich eine enge Verbindung mit allem Leben. Ich atme ein, was Pflanzen ausgeatmet haben und was ich ausatme, ist für sie Nahrung. Ich staune über diesen Austausch, bin mit Dankbarkeit erfüllt. Eine Verbindung ohne Beurteilung ist ein bedingungsloses Ja gegenüber allen Beteiligten. Das Bild des engen Lebensnetzes, in das ich eingewoben bin, drängt sich auf, und mein kleines Ego ist darin gut aufgehoben.

Meine Krankheit hilft mir, weniger zu werten und stattdessen mehr zu schauen und zu staunen. Denn sie verlangsamt meinen Alltag und gibt mir Zeit und Raum. Ich muss nicht mehr funktionieren und alle Aufgaben irgendwie in den Tag packen. Schauen und Staunen lassen mich ansatzweise den Lebenswillen anderer mitfühlend erfassen und sie als Teil von mir und mich als Teil von ihnen erleben. Ich sehe in der Auseinandersetzung mit Krankheit, Schwäche und Sterben viele Anregungen für einen liebevollen Umgang mit der Natur, zu der alle Lebewesen und natürlich auch wir Menschen gehören. Ich sehe darin den Weg zur Friedfertigkeit.

Trennung und Entfremdung

Gesehen

Wer bin ich in den Augen
Des Augentrosts
Des Eisvogels
Der Birke
Des Regenwurms
Des Rispengrases
Des Seeadlers
Des Weissklees
Des Springschwanzes
Der Wegwarte
Des Holzbocks
Des Gänseblümchens
Der Kuh
Der Mistel
Des Schwans
Wer bin ich

Die jüdisch-christliche Tradition hat uns gelehrt, wir Menschen seien die «Krone der Schöpfung». Wir sollen uns «die Erde untertan» machen. Pflanzen und Tiere sind für uns da und dürfen genutzt werden. Diese Abspaltung bestimmt bis heute unser Selbstverständnis.

Vor einiger Zeit zeigte sich mir das in aller Deutlichkeit. Nach einer kirchlichen Abschiedsfeier wurde zum Imbiss mit Fleisch eingeladen. Der Tod eines Menschen wurde betrauert und anschliessend das Leben und die Gemeinschaft mit dem Tod von Nutztieren gefeiert. Das ist

doch absonderlich. Welches Welt- und Men-
schenbild steckt dahinter? Wie prägen wir diese
Bilder, und was ist dabei meine Rolle? Welche
Bilder Norin verinnerlichen wird, hängt davon
ab, was wir ihm vorleben.

Die Trennung zwischen Mensch und Tier,
Mensch und Natur wurde ab dem 16. Jahrhun-
dert verschärft. Die Naturwissenschaften zerleg-
ten – unter anderem mit der Hilfe des Mikro-
skops – Lebewesen in immer kleinere Teile: von
Muskeln zu Zellen bis hin zum Genom. Dabei ge-
riet mehr und mehr die Einzigartigkeit jedes In-
dividuums aus dem Blick.

Der Beschrieb meiner Krankheit ist in dieser
Tradition formuliert. Sie wird als eine Degenera-
tion der Motoneuronen und eine Verlangsamung
der Nervenleitgeschwindigkeit beschrieben. Im
Arztbericht mit meiner Diagnose aus dem Jahr
2016 liest es sich so:

«Leichte spastische Tonuserhöhung im rech
ten Bein mit Hüftflexions- und Fussheberparese
rechts, sowie rechtsbetonter Steppergang mit dis-
kretem Duchenne-Hinken».

Ich bin mehr als ein Tonus und eine Parese,
auch wenn das alles mein Leben mühsam macht.
Detailkenntnisse sind im Einzelfall sinnvoll, doch
dieser Tunnelblick macht unseren Umgang mit
Natur und Mensch problematisch.

Natur ist ein Baukasten geworden. Ihr leben-
diger, beseelter Charakter wird unsichtbar ge-
macht. Es ist paradox: Lebewesen wird zuneh-
mend ein eigenes Leben abgesprochen.

Die Wirtschaftshistorikerin Carolyn Merchant (*1936) beschreibt in «Der Tod der Natur» ausführlich, wie die beseelte Natur gestorben ist, «während das tote seelenlose Geld mit Leben erfüllt worden ist» (Merchant 1994: 277). Sie identifizierte die wissenschaftliche Revolution des 17. Jahrhunderts als die Zeit, in der die Wissenschaft begann, die Natur in immer kleinere Teile zu zerlegen, zu objektivieren und zu sezieren. Daraus folgte letztendlich eine Konzeption, wonach die Natur aus voneinander unabhängigen atomaren und toten Teilchen zusammengesetzt ist. Dadurch wurde die Natur immer mehr wie eine beliebige Ware behandelt. Es gibt viele Beispiele dafür: Massentierhaltung, Tierversuche, Pestizide, Bodenzerstörung oder Monokulturen in der Landwirtschaft, Regenwaldabholzungen oder synthetische Biologie. Was für eine Perversion!

Die Vorstellungen von Natur als Ware macht vor uns Menschen nicht halt. Unternehmen haben eine Abteilung für human resources. Werden Menschen auf eine Ressource reduziert, sind sie ein Rohstoff, ein Kostenfaktor, eine Zahl. Auch wenn Firmen für ihre Mitarbeitenden Yoga oder Achtsamkeitsübungen anbieten, geht es letztlich um eine Leistungssteigerung fürs Unternehmen. Die Beschränkung des Menschen auf seine ökonomischen Ergebnisse ist heute so selbstverständlich, dass es kaum mehr auffällt. Sie drückt sich unter anderem in den Löhnen und Bedingungen aus, unter denen Menschen arbeiten müssen.

Jeff Bezos, der Besitzer von Amazon, hat sich einen Ruf erworben, tiefe Löhne zu zahlen und die Arbeitsrechte zu unterlaufen. Der Gewinn scheint ihm wichtiger als der Respekt vor den Menschen, die für ihn arbeiten. Ist ihm nicht bewusst, dass auch er von der Fürsorge anderer Menschen abhängt? Dass ihn Eltern aufgezogen haben, und er ohne sie nicht dort wäre, wo er heute steht?

Abstraktes, totes Geld ist unser Zugang zum Leben geworden. Wir meinen, mit Geld alles Lebenswichtige zu bekommen: Essen, Gesundheit, Altersvorsorge, ja sogar Beziehungen. Das Vertrauen ins Geld ist tief in uns verankert. Es lässt uns unsere Abhängigkeit von der Natur und den Menschen vergessen.

Mich erschüttert es immer wieder, wenn ich bestes Kulturland überbaut sehe. Es drückt die kurzsichtige ökonomische Rechnung aus, dass die Einnahmen einer Tankstelle pro Quadratmeter ein Vielfaches eines Quadratmeters Weizen betragen. Wir glauben, Getreide immer auf dem Weltmarkt kaufen zu können. Das ist jedoch keineswegs garantiert und kann sich als fatale Illusion entpuppen, wie uns die Corona-Pandemie und der Ukraine-Krieg vorführte. Plötzlich waren globale Lieferketten unterbrochen, und gewisse Produkte wurden nicht mehr produziert. Zum Glück betraf es bisher keine lebensnotwendigen Güter. Die Pandemie machte uns noch etwas bewusst: Gesundheit lässt sich auch mit allem Geld der Welt nicht kaufen. Unser Leben, unsere Wirtschaft und Gesellschaft sind in hohem Mass verletzlich und von einer lebendigen Natur abhängig.

Die Reduzierung eines Baumes, Flusses oder Tieres auf eine Ware legt eine gewalttätige Weltsicht offen. Abstraktes Geld ist wichtiger als Leben, intellektuelle Arbeit wichtiger als Handarbeit. Digitales ist wichtiger als Analoges, künstliche Intelligenz wichtiger als menschliche. Dabei scheint sich uns das Leben zu entziehen. Das führt zu noch mehr Entfremdung von der Natur und noch mehr Gewalt. Ich habe diese Abwertung mal mit den drei Ks beschrieben: Engagement für Kinder, Kranke und Kartoffeln erhält wenig Wertschätzung. Kinder aufziehen wird zu einem Armutsrisiko. Pflegepersonal und Bauern stehen unter enormem Leistungsdruck, obwohl die Wirtschaft ohne sie keine Woche funktionieren würde. Dahinter steckt eine patriarchale Sicht auf die Welt. Der Mann ist für Produktion und Geist, die Frau für Gebären, Fürsorge und Natur verantwortlich. Die Ausnahmen bestätigen die Regel. Diese Sicht hat über Jahrhunderte Gewalt gegenüber der Natur, den Frauen und allen marginalisierten Menschen begründet.

Mehr als ein Bausatz

Konservativ

Warum bist du so
konservativ und nicht
innovativ

Stellst uns eine
Energierechnung
Sonne

Und verkaufst
deine saftigen Äpfel
Baum

Und bestäubst Apfelblüten
nur gegen Cash
Bien

Warum passt du dich
nicht der Orangennachfrage an
Pflaumenbaum

Warum bist du so
konservativ und nicht
innovativ

Die moderne Wissenschaft spricht der Natur ihre Heilkraft, Lebendigkeit und Würde ab. Das lässt sich gut am Beispiel der Erforschung des Genoms zeigen. Diese basiert auf einem mechanistischen Bild: Das Finden von Genen oder Gensequenzen, die für eine bestimmte Funktion im Organismus zuständig sind, soll dazu dienen, Fehlfunktionen zu korrigieren, indem Gene verändert oder eingebaut werden. Dieses Vorgehen bedingt, dass man Lebewesen als biologische Maschinen sieht, über die man verfügen kann. Natur wird dabei als fehlerhaft gesehen, sie muss überlistet und vermeintlich verbessert werden. Ein gewalttätiger Eingriff.

Seit die Menschen sesshaft wurden und Ackerbau betrieben, haben sie Natur für sich gefügig gemacht. Mit gentechnischen Verfahren wurden jedoch Eingriffe möglich, die viel tiefer gehen. Pflanzen werden gegenüber Trockenheit, Nässe, salzhaltigen Böden, Krankheiten oder Pestiziden resistent gemacht. Im Labor gezüchtetes Saatgut ist nicht dem lokalen Umfeld angepasst, im Gegenteil: Es gedeiht nur mit Kunstdünger und Pestiziden. Gentechnik umfasst auch Tiere. Schweine werden so gezüchtet, dass sie mehr Fleisch mit weniger Fett bilden. Kühe mutieren zu Hochleistungsmilchmaschinen, sollen aber möglichst wenig Klimagase rülpsen. Die Situation wird durch Patentierungen verschärft, welche Konzernmacht festigt und industrielle Landwirtschaft als einzige Option erscheinen lässt. Anstatt sich der Natur anzupassen, wird sie so manipuliert, dass sie in die ökonomische und industrielle Logik passt. Das nennt man Fortschritt.

Transhumanisten versprechen sich viele Erleichterungen in der Vernetzung vom Menschen mit elektronischen Systemen. Die menschlichen

Grenzen sollen durch den Einsatz technischer Mittel erweitert werden, indem kleinste Computer in den Körper eingepflanzt werden. Dabei geht es nicht nur ums automatische Türenöffnen oder Bezahlen an der Supermarktkasse, sondern auch um eine umfassende stetige Gesundheitskontrolle, um medizinische Eingriffe und letztlich darum, den Tod zu überwinden. Bei einer Abweichung von einer Norm, werden Medikamente punktgenau mit Mikrorobotern im betroffenen Organ platziert. Auch lassen sich durch die Verbindung von Mensch und Maschine die Intelligenz steigern und die Entscheidungsfindung beschleunigen. Mit dem sogenannten Internet der Dinge ist alles mit allem digital vernetzt und lässt sich durch blosse Gedanken steuern. Es wird, so die Prophezeiungen, das Smartphone bald ablösen. Wenn aber der Computer im Körper zuverlässiger und perfekter arbeitet als je ein Menschen es vermag, werden wir alle überflüssig. Und der Schritt, uns die Würde abzusprechen, ist klein. Die Psychologin und Autorin Marian Donner (*1974) beschreibt die Absichten des Transhumanismus: «Warum unvollkommen sein, wenn's auch anders geht? Die grösste Leistung besteht im Sieg über den natürlichen Körper. Wir wollen keine Tiere sein, sondern Götter.» (Donner 2020: 33 f.)

Die moderne Medizin und Pharmakologie hat viel erreicht und krankt gleichzeitig an einem eigenartigen Natur- und Menschbild. Obwohl viele Medikamente ihren Ursprung in der Pflanzenwelt haben, fehlt ein Vertrauen in die Heilkräfte der Natur fast vollständig. Ich will das anhand des Einjährigen Beifusses (Artemisia annua) beschreiben. Man weiss, dass diese Pflanze sehr wirkungsvoll bei Viruserkrankungen wie Malaria ist. Die volle Wirkung kommt nur im komplexen Zusammenspiel der ganzen Pflanze zum Tragen. Die Pharmafirmen vertreiben aber nicht die Pflanze, sondern haben den Hauptwirkstoff Artemisin synthetisiert. Denn um die Heilmittelprüfungen zu bestehen, müssen Wirkstoffe immer rein und gleich sein, um sie reproduzieren zu können. Ich schreibe das dem medizinisch-wissenschaftlichen Denken und den Profitinteressen der Pharmakonzerne zu. Mit der ganzen Pflanze lässt sich kaum Geld verdienen. Jede Artemisia-Pflanze enthält je nach Boden, Sonneneinstrahlung und Wetter eine etwas andere Mischung der Wirkstoffe. In der Pflanzenheilkunde wird das begrüsst, weil die ganze Pflanze besser wirkt und der Körper keine Resistenzen bildet. In Deutschland ist nun der Tee mit dem Artemisia-Kraut verboten worden.

Nicht alle genannten Projekte sind problematisch, doch allen gemein ist die Vorstellung von einer fehlerhaften Natur als beliebige Ware. Man versucht, sie unter Kontrolle zu bringen und verfügbar zu machen. Es liegt auf der Hand, dass ihr damit sowohl Gewalt angetan wird als auch ihr Schutz und Erhalt an Bedeutung verliert. Mittels Technologien sollen selbsterzeugte Probleme wie Biodiversitätsverlust, Resistenzen oder Bodenzerstörung gelöst werden. Gelingt das nicht oder treten neue auf, werden noch aggressivere technische Mitteln eingesetzt. Die Naturwissenschaften töten die Natur und kreieren eine zweite technische verbesserte. Der Ökonom Peter Schumpeter (1883–1950) nannte das «schöpferische Zerstörung». Ein Teufelskreis der Entfremdung, der stets zu noch mehr Gewalt an der Natur und noch mehr Entfremdung führt.

Das Vertrauen in Technologie scheint grenzenlos, und wir stellen uns freiwillig in ihren Dienst. Technologie ist wie eine Religion: Der Glaube daran ist unerschütterlich und viele erhoffen sich von ihr nichts weniger als die Rettung der Welt. Wer technologische Vorschläge zur Bewältigung des Klimanotstandes, der Welternährung oder der Mobilität macht, erhält Zustimmung und oft auch Geld. Technologien sind aber nur so gut, wie die Ziele und Rahmenbedingungen, die wir ihnen vorgeben. Die Soziologin, Politologin und Professorin für Frauenforschung Claudia von Werlhof (*1943) sagt im Film von Viktoria Knobloch «Die technokratische Diktatur»: «Die Maschine hat die Macht übernommen, denn gegenüber einem Quantencomputer haben wir keine Chance. Und die Maschine rattert auch ohne Menschen weiter.» Ich bin jedoch kein biologischer Bausatz und weit mehr als meine Einzelteile. Keine Technologie hilft mir, Ängste abzubauen, Vertrauen zu gewinnen oder meine massiven Begrenzungen anzunehmen. Dazu brauche ich liebe Menschen um mich, Humor und Gelassenheit.

Meine Brillengläser sind durch Sprache geschliffen

Zeuseln

Wer Berge
Wie zufällige Haufen bearbeitet
Steinert

Wer Pflanzen
Wie Legosteine betrachtet
Klotzt

Wer Tiere
Wie Maschinen behandelt
Rattert

Wer Menschen
Als Masse beschreibt
Registriert

Wer die
Bevölkerungsexplosion beklagt
Zeuselt

Die Brille, mit der ich die Welt sehe, ist unter anderem durch meine Sprache geprägt. Der Begriff Umwelt schafft eine Distanz zwischen mir und der lebendigen Natur. Präzisere Begriffe wie Welt oder Mitwelt unterstreichen, dass ich ein Teil davon bin und die Weltverschmutzung auch mich betrifft. Ein Wald ist in diesem ganzheitlichen Verständnis nicht bloss eine Ansammlung von Bäumen, ein Ozean nicht nur viel Wasser in einem bestimmten Gebiet, und ein Ackerboden kein totes Substrat und Standort für Pflanzen oder Autobahnen. Die Ressource, der Rohstoff, betont den Warencharakter der Natur. Das Wort negiert die Lebendigkeit und trennt die Natur vom Menschen. Einer Ressource kann man sich einfach bedienen, einer Gabe der Natur hingegen nicht. Diese Begriffswahl hebt den Geschenkcharakter hervor: Natur ist geschenkt und damit nicht beliebig verfügbar.

Worte schaffen Bilder, Welten. Wenn Gefangene nicht beim Namen, sondern als Nummer genannt werden, erkennen wir sofort die Entwürdigung. Ebenso despektierlich ist es, wenn Lebewesen auf ihren Nutzwert reduziert werden. Bestens zum Ausdruck bringt dies der Begriff Ökosystemdienstleistungskosten. Die Ökosystemdienstleistung bezeichnet die Vorteile, die Menschen aus der Natur beziehen. Zum Beispiel das Bestäuben von Obst und Gemüse durch Bienen, dessen Wert weltweit auf jährlich 200–600 Milliarden Dollar geschätzt wird. Doch bereits der Wortteil Ökosystem macht die Lebewesen unsichtbar. Ich sehe eine starke Ähnlichkeit zum Finanzsystem. Dienstleistung und Kosten sind Begriffe aus der Buchhaltung. Mit Ökosystemdienstleistungskosten wird zwar die Leistung der Bienen gewürdigt, aber nur solange sie bestäuben und man keine günstigere Alternative findet. Mit dieser Wortwahl steht nur die Leistung der Bienen für den Menschen im Fokus, nicht jedoch, dass sie für eine lebendige Natur elementar sind. Wären Mini-Drohnen für die Bestäubung günstiger als Bienenhaltung, würde das Bienen- und Insektensterben kaum mehr Aufmerksamkeit erregen.

Bienen sind wie alle Tiere in der Landwirtschaft auf Leistung getrimmte Nutztiere. Ihr Wert liegt einzig im Zweck für uns Menschen. Legen hochgezüchtete, gedopte Hühner etwas weniger Eier als die von ihnen erwartete Menge, werden sie getötet. Ihre Würde und Integrität werden verletzt, sie sind bloss eine Ware. Bei Heim- und Haustieren ist es oft etwas besser. Auch Begriffe wie Fleisch- oder Pflanzenproduktion führen in die Irre. Fleischproduktion tötet Nutztiere gleich zweimal: Einmal indem sie begrifflich auf den Nutzen reduziert werden, und das zweite Mal am Ende ihres jungen Lebens im Schlachthof. Produzieren kann man Fahrräder oder Solarpanels, nicht aber Tiere und Pflanzen. Tiere umsorge ich. Pflanzen kann ich säen, setzen, kultivieren oder ziehen.

Humankapital oder human resources reduzieren auch Menschen auf ihre Leistung. Ihre Würde wird nicht im gleichen Masse verletzt wie jene der Nutztiere, doch die Gefahr besteht ebenso, dass solche Begriffe den Menschen auf seinen quantitativen Nutzen für die Wirtschaft festlegen und so den Weg zur Entwürdigung ebnen.

Sprache ist mächtig, denn sie schafft Selbstverständlichkeiten. Ich schreibe im Bewusstsein, dass Begriffe nur eine vage Annäherung an die

Wirklichkeit sein können und alleine kein neues Weltbild schaffen. Der sorgfältige Einsatz von Erzählungen und Begriffen unterstützt aber den notwendigen Gesinnungswandel. Der Philosoph, Mathematiker und Autor Charles Eisenstein (*1967) schreibt dazu: «Unsere Geschichten haben Macht. Wenn wir die Welt für tot ansehen, werden wir sie umbringen. Und wenn wir die Welt als lebendig betrachten, werden wir lernen, wie wir ihrer Heilung dienlich sein können.» (Eisenstein 2020: 25) Wenn wir Norin Geschichten von Pflanzen und Tieren als Individuen erzählen, wird er das Leben lebenslang so respektieren, wie er es jetzt schon tut.

Wenn Zahlen zählen

Geschichten

Zahlen erzählen
Die Geschichte
Von Zahlen
Die Erzählung erzählt
Die Geschichte
Dazwischen

Eine Welt, in der die Bienenleistung in US-Dollar bewertet wird, steht im harten Kontrast zu Gedanken über Gaben der Natur und Würde. Mit Geld und Zahlen wird nur ein kleiner Ausschnitt der Wirklichkeit dargestellt. Minna Salami sieht düstere Folgen: «Die Vorstellung, die Realität liesse sich nur durch kalkulierbare Logik angemessen erklären, ist eine der gefährlichsten Vorstellungen, die je geäussert wurden.» (Salami 2021: 24) Denn in einer solchen Logik ist alles, was sich nicht in Zahlen beschreiben lässt, wertlos und verdient keinen Respekt.

Gerechnet wird auch im Nachhaltigkeitsgeschäft. Was kostet Klimaschutz? Ist es besser, im In- oder im Ausland zu investieren? Wo erreicht man pro Franken die grösste CO_2-Reduktion? Was kosten uns ein, zwei oder drei Grad Erderwärmung? Und was, um die Klimaerwärmung zu vermeiden? Welche Kosten verursacht das Herbizid Glyphosat im Trinkwasser? Was bezahlen wir für den Stress am Arbeitsplatz? Zahlen werden mit einer Selbstverständlichkeit ins Spiel gebracht, als verfügten sie über eine natürliche Autorität. In komplexen Fragen suggerieren sie Eindeutigkeit und beruhigen unser Unbehagen. Was sich eigentlich nicht messen lässt, wird messbar gemacht. Was man nicht in Zahlen ausdrücken kann, existiert nicht. Zahlen haben ein enormes Gewicht: Berichten die Medien, dass die Schweiz nur fünf Promille des globalen CO_2-Ausstosses verursacht, schliessen wir gelassen die Zeitung. In einer Zahlenlogik erscheint das vernachlässigbar. Bedenkt man allerdings, dass die Anzahl Menschen in der Schweiz nur 1,1 Promille der Weltbevölkerung ausmacht, dann versursacht der Schweizer und die Schweizerin fünf Mal mehr als im globalen Durchschnitt.

Der Zahlenglaube ist gekoppelt an die Überzeugung, alles technisch und ökonomisch lösen zu können. Es braucht nur die richtigen Berechnungen und Anreize. Der Direktor des Lebensmittelkonzerns Nestlé sagte vor einigen Jahren voller Überzeugung, Wasser habe nur einen Wert, wenn es etwas koste: Die Monetarisierung würde es schützen. Das negiert, dass Wasser eine Gabe der Natur ist und ein öffentliches Gut sein sollte. Menschen wussten seit jeher um den Wert des Wassers und schützten ihre Quellen. Die Aussage des Nestlé-Direktors ist entlarvend. Er kann nur in der Logik von Geld denken und anerkennt nicht, dass viele Menschen seit Jahrtausenden Wasser, Boden oder Saatgut als Gemeingut, trotz Konflikten, liebevoll gepflegt haben. Marian Donner beschreibt den Kosten-Nutzen-

Diskurs so: «Der Preis (...) steht nicht im Verhältnis zum Gewinn. Dieses System reduziert alles auf den verwertbaren Rohstoff – Natur, Arbeit und den Menschen selbst. Und es hat uns allem im gleichen Masse entfremdet.» (Donner 2020: 72)

Es könnte nun der Eindruck entstehen, dass ich jede Form des Wirtschaftens verurteile. Tatsächlich kritisiere ich nur die einseitige Profitorientierung, die kein Sensorium für die Würde und den unbezifferbaren Wert der Natur hat, und da wir Menschen auch Natur sind, ist auch unsere Würde bedroht. Solches Wirtschaften ist blind für Bedürfnisse vieler Lebewesen: Pharmakonzerne, die den Profit höher gewichten als die Gesundheit. Die Finanzindustrie, die mit Öl und Kohle und sogar Wetten auf den Bankrott von Ländern Gewinne machen. Mir ist jedoch bewusst, dass viele Unternehmen respektvoll für unsere Versorgung arbeiten und gute, sinnstiftende Arbeitsplätze anbieten.

Ökonomie stammt vom Griechischen oikos und nomos, Haus und Regel. Wirtschaften bedeutet demnach, unser gemeinsames Haus, den Planeten Erde, in Ordnung zu halten. Berücksichtigen Unternehmen das nicht, betreiben sie Misswirtschaft und damit einen Krieg gegen Mensch und Natur. Oft ist von Wirtschaft nur dann die Rede, wenn Geld im Spiel ist. Meine Tochter und ihr Partner sind unbezahlt für Norin da. Ihre Leistung für ihn und die Gesellschaft sind immens. Es geht nicht nur um Hygiene, Essen und Trinken. Norin bekommt viel Liebe und Vertrauen, aber auch wichtige Werte wie Respekt, Verantwortung oder Gewaltlosigkeit vermittelt. Alles ohne einen Franken. Ohne die nichtbezahlte Sorgearbeit von Eltern, Grosseltern, sowie Engagements von Vereinen, Parteien, NGOs, Kirchen oder der Feuerwehr würde die Geldwirtschaft zusammenbrechen. Der Wandel von einer profitorientierten Wirtschaft zu einer Fürsorgewirtschaft (Care Economy) ist notwendig.

Wenn mein Enkel Norin schreit, brauche ich kein Schallpegelmessgerät, um sofort alles liegen zu lassen und ihn zu trösten. So sollten die Nöte der Menschen und der Natur mich bewegen, aus einer inneren Betroffenheit und Notwendigkeit zu handeln. Mit Zahlen werden die Motivationen des Herzens jedoch sabotiert.

Das Leben als letzte Gelegenheit

Konsum

Die Stimmung
Der Konsumentinnen
Und Konsumenten
Ist fabelhaft
Nichts wird gekauft

Mein Sterben und mein baldiger Tod machen mich traurig, vor allem morgens beim Aufstehen, das beschwerlich ist. Der Tod wird in vielen religiösen Traditionen als unabwendbares Schicksal akzeptiert, und sie vertrösten auf ein Jenseits. Gut so! Es gibt grosse Unterschiede in den Vorstellungen rund um den Tod: Die einen sind von Reinkarnation überzeugt, andere von Auferstehung, wieder andere vom Nichts. Oder werden wir uns womöglich in ein göttliches Energiefeld einfügen? Es gibt auch die Idee, dass man gar nicht stirbt, sondern nur in einen anderen Aggregatszustand gerät. So wie Wasser zu Dampf wird.

Solche Vorstellungen können helfen, dem Sterben und Tod gelassener zu begegnen, Ängste abzubauen und den Skandal vertrauensvoll anzunehmen. Doch mich überzeugen diese religiösen Erklärungen nicht wirklich. Als Agnostiker – agnosis bedeutet Nichtwissen – bin ich vorsichtig mit dogmatischen Aussagen, denn auf die letzten Fragen hat niemand eine abschliessende Antwort. Agnosis ist für mich eine theologische Haltung der Demut. Gleichwohl vertraue ich darauf, dass es gut kommt mit meinem Tod. Für jene, die nicht an die Auferstehung oder an Reinkarnation glauben, ist dieses jetzige Leben das einzige und letzte. Wer die materielle Deutung vertritt, wonach Sterben Auflösung in ein Nichts bedeutet, wird sich vor diesem «Leben als letzte Gelegenheit» ängstigen, wie der Buchtitel der deutschen Autorin und Erziehungswissenschaftlerin Marianne Gronemeyer (*1941) lautet. Er probiert möglichst viel in dieses Leben hineinzupacken, doch die Verlustangst verschwindet nicht. Das endgültige Ende macht Angst.

Der «Welthunger» (Gronemeyer 2012: 103), wie Marianne Gronemeyer den übermässigen Konsum nennt, übt Gewalt aus, er verzehrt unsere Welt.

Es gilt alles zu erleben. Die Konsumanreize werden gezielt politisch gefördert, ökonomisch kultiviert und von Medien und Werbeagenturen zum normalen Lebensstil gemacht. Damit einher geht ein Individualismus, der das Ego ins Zentrum stellt. YOLO – «you only live once» («du lebst nur einmal») – bezeichnet diese Einstellung. Spass haben, ohne Rücksicht auf die Folgen. Diese Enthemmung wird durch die Kultur der Distanz des Menschen von der Natur noch verstärkt.

In der «nachmetaphysischen Todesangst» sieht Gronemeyer gar die Hauptursache für die massive Gewalt an der Welt. Mit «nachmetaphysisch» meint sie eine materielle Weltsicht ohne jeglichen Bezug zum Göttlichen oder dem Geheimnis des Lebens. Diese Angst ist unsichtbar und kaum bewusst. Werbestrategen sind geschickt darin, die Ängste und Sehnsüchte für ihre Auftraggeber zu nutzen und Erlösung zu versprechen. Da Konsum jedoch nicht von der Todesangst erlösen kann, nimmt die Konsumlust kein Ende.

Je länger ich mich mit meinen Sterben auseinandersetze, desto mehr verschwinden Bedürfnisse etwa zum Reisen oder zum Konsumieren. Ich bin zufrieden, wenn ich diesen Text schreiben kann und es mir hilft, mich und die Welt ein klein wenig besser zu verstehen. Einen Entwurf dieses Textes habe ich einigen Menschen zum Lesen gegeben. Ich erhielt nicht nur wertvolle Impulse, es entstanden auch viele gute Gespräche, Freundschaften vertieften sich. Ich bin auch glücklich, wenn mir ein neues Gedicht gelingt.

Manchmal kommt mir unsere Welt wie das Glitzern einer Discokugel vor. Tausend tanzende Lichter in allen Farben suchen unsere Aufmerksamkeit. Smartphones und Werbung buhlen um uns, während wir uns immer mehr von uns selbst entfernen. Sie befriedigen nicht unsere Sehnsucht nach Gesehenwerden, Anerkennung und Liebe, im Gegenteil: Die perfekte technische Welt führt uns immer mehr vermeintliche Mängel vor. Wir werden bespielt, statt selber zu spielen.

Ich bin in Sorge

Nasenspitze

Es ist zum Verzweifeln
Der neuste Klimabericht
Warnt
Es bleibt keine Zeit
Es ist höchste Zeit

Es ist zum Verzweifeln
Zeit für Black Friday
Und Autobahnausbau
Und globalen Freihandel
Zweifler sind Spielverderber

Es ist zum Verzweifeln
Vor der Mutfreiheit
Und Phantasielosigkeit
Und der Leere
Jenseits der Nasenspitze

Im Sommer 2020 stand ich am Gletschertor des Morteratsch-Gletschers im Engadin. Mit einer Freundin sind wir mit Velos hingefahren. Viele Menschen waren da. Ich konnte den Rückgang des Gletschers seit meinem letzten Besuch 2018 deutlich erkennen. Die Folgen der Klimaerwärmung sind selten so direkt sichtbar. Das stimmte mich nachdenklich. Nahmen die Touristinnen und Touristen die Dramatik wahr? Machte der Gletscherbesuch sie betroffen, löste er Diskussionen aus oder ein Überdenken ihres Lebensstils?

Die Entfremdung von der Natur gefährdet die Lebensgrundlagen der Menschheit. Unser Lebensstil führt zu massiver Verschmutzung der Gewässer, Böden und Luft. Die Biodiversität nimmt rasant ab. Unser Ausstoss von CO_2 führt zu einem Klimawandel mit Auswirkungen für die ganze Welt: Die Vegetationszonen verschieben sich, der Meeresspiegel steigt, es gibt immer mehr Extremwetterlagen wie Trockenheit, Überschwemmungen und Wirbelstürme. Die Folgen tragen Menschen, die in der Regel keine Mittel haben, sich dagegen zu schützen – und jene, die nach mir kommen, wie unter anderem mein Enkel Norin.

Solange die fossilen Energieträger, wie der Wirtschaftswissenschaftler Marc Chesney (*1959) schreibt, jährlich in Europa mit 55 Milliarden Euro und in den USA mit 20 Milliarden Dollar subventioniert werden, sind alle Klimagipfel wirkungslose Anlässe, die beruhigen sollen. Die enormen Schäden für Natur und Gesundheit belaufen sich zudem auf über 5 Billionen US-Dollar, was 6 Prozent des weltweiten Bruttoinlandprodukt BIP entspricht (Chesney 2022/1).

An einen verantwortungsvollen Lebensstil zu appellieren, ist angesichts dieser Zahlen irritierend. Es bleibt für mich unverständlich, weshalb Menschen sich an Macht und Privilegien klammern und alles tun, um das gewalttätige und zerstörerische System am Leben zu halten. Gleichzeitig ist die Aufteilung in Täterinnen und Opfer untauglich, denn am Systemerhalt sind wir alle mehr oder weniger beteiligt. Das heftige Verteidigen von Privilegien könnte einen demotivieren, an einer Gesundung des Planeten mitzuwirken, denn jedes individuelle Engagement erscheint zu gering und unwirksam. Aber die meisten Menschen haben Enkel oder Urenkel und wünschen sich für diese eine gute Zukunft. Ihnen zuliebe will ich mich nicht um den Erfolg meines Tuns kümmern, sondern mich entschlossen für eine lebendige friedfertige Zukunft einsetzen. «Ich setze heute einen Apfelbaum und werde nie in seinem Schatten in einen Apfel beissen.»

Eine vermeintliche Lösung gegen die Ausbeutung der Erde sind Nachhaltigkeitskonzepte: Man soll nicht mehr Bäume schlagen, als wieder nachwachsen, so dass der Wald weiterhin Bretter und Sauerstoff liefern kann.

Würde ich mehr Bäume schlagen, könnten später nicht mehr so viele gefällt werden, was andere Menschen beeinträchtigen würde. Deshalb wurde sinnvollerweise Nachhaltigkeit mit dem Erhalt von Handlungsmöglichkeiten umschrieben. Das erachte ich als grundsätzlich gut. Ich will nicht auf Kosten von anderen leben.

Was unter Freunden verpönt ist, gehört sich auch global nicht. Ich würde mich bei meinem Freund nie mit einer hohen Summe verschulden, im Wissen, es nie zurückzahlen zu können. Täglich handeln wir jedoch so. Wir fördern mehr Erdöl und andere Rohstoffe als neu entstehen. Wir verschmutzen Böden, Luft, Atmosphäre oder Gewässer so stark, dass sie sich nicht mehr regenerieren. In vollem Wissen schränken wir die Handlungsmöglichkeiten und Lebensräume künftiger Menschen ein.

Der Baum erzeugt erst als Tisch einen ökonomischen Wert. Der Tisch aber ersetzt keinen Baum, der Sauerstoff liefert und Vögeln ein Zuhause bietet. Nachhaltigkeit ist ein ökonomisch-technokratisches Konzept, orientiert sich letztlich an ökonomischen Werten. Hinter seinem Kosten-Nutzen-Kalkül steckt ein anthropozentrischer Ansatz: Der Regenwald wird erst dann geschützt, wenn der Klimawandel die Menschheit bedroht – also nicht wegen den Bäumen im Regenwald, sondern wegen der Menschen. Die Würde hat in den Nachhaltigkeitskonzepten einen schweren Stand.

Nachhaltigkeit ist als Modebegriff zu einer Worthülse verkommen. Nach mehr als 30 Jahren ist kaum noch etwas von seiner ursprünglichen Radikalität übriggeblieben. «Wirkt nachhaltig und sanft» las ich heute morgen unter der Dusche auf meiner Shampooflasche. Bezieht sich das aufs Abwasser oder auf meine Haare? Alles und jedes ist nachhaltig, mein Shampoo, die Geldanlage, der neuste SUV, oder das Heli-Skiing. Jede kleine Verbesserung wird als nachhaltig taxiert, auch wenn die Produktionsbedingungen krank machen. Der Konsumrausch und die gewinnfixierten Machtinteressen sind mit dem heutigen Verständnis von Nachhaltigkeit nicht zu zähmen. Nachhaltigkeit verändert zu wenig radikal die Macht der Eliten und den profitorientierten Kapitalismus. Sie schafft zwar Verbesserungen, aber immer innerhalb des bestehenden Systems. Sowohl Staaten als auch Unternehmen bleiben dem systemischen Zwang zu Wachstum, zur Ökonomisierung und zur Technisierung ausgeliefert. Gegen diesen Strom zu schwimmen schafft kaum ein Unternehmen.

Verbundenheit und Friedfertigkeit

Ich bin Welt

Meine Muskeln
Waren Wolken
Und werden Erde

Mein Blut
War Salat
Und wird Meer

Mein Glück
War Duft
Und wird Luft

Ich bin Welt

«Wir sind alle aus demselben Holz geschnitzt», lautet ein Sprichwort. Alle Lebewesen haben trotz teils grossen Unterschieden viele Gemeinsamkeiten. Alle verfügen wir über die gleichen genetischen Bausteine und bestehen aus demselben Wasser. Mein alter Körper enthält etwa 70 Prozent Wasser, Norins rund 80 Prozent – Wasser, das als Regen, Nebel oder Schnee in Gewässer und in Böden gelangte, und somit in Pflanzen, Tiere und Menschen. Alle Lebewesen bestehen unter anderem auch aus Kohlenstoff, der einst Humus, Pflanze, Tier und Kohlendioxid war. Und alle benötigen wir Sauerstoff. Alle haben wir Teil an derselben Energie, die nie vergeht, sondern nur ihren Zustand wechselt. Auch die Atome haben wir gemeinsam. «Der Sternenstaub verbindet uns mit allem, was einmal war, was jetzt ist und was jemals sein wird» (Marti 2019: 176), schreibt Lorenz Marti.

Wer will da noch leugnen, dass wir eng mit der Welt im Austausch sind? Die Trennung von Mensch und Natur widerspricht den Tatsachen. Ich lebe mit allen anderen auf demselben Planeten, in enger gegenseitiger Abhängigkeit. Alleine oder ausschliesslich unter Menschen könnte ich nicht überleben. Mein Körper ist mit unzähligen Viren und Bakterien bevölkert, die mir helfen zu verdauen, Krankheiten abzuwehren, mich aber auch krank machen und töten können. Wir Lebewesen sind uns alle ähnlich und auf vielfältige Weise aufeinander angewiesen.

Selbst die Idee eines Individuums ist fraglich, wenn ich mir bewusst bin, dass in mir mehr fremde als eigene DNA lebt. Und noch etwas verbindet alle Lebewesen: das Leben selbst. Sehe ich mich als Beziehungstier inmitten von anderen Tieren in einem komplexen Lebensnetz, hat das Folgen. Dann anerkenne ich: Meine Freiheit ist nie absolut, sondern wird von den Freiheiten anderer Lebewesen beschränkt. Ich will die Freiheit der anderen respektieren und damit auch unsere Gemeinsamkeiten und ihr Anderssein.

Die enge Verbundenheit aller Lebewesen verlangt eine ökozentrische Weltsicht, in der die Würde und der Eigenwert aller Lebewesen und der gesamten Natur betont werden. Eine solche Weltsicht würde dazu führen, dass der Natur und den menschlichen Tieren weniger Gewalt angetan würde. Niemand will doch eigentlich Gewalt erfahren, niemand einem gewalttätigen System ausgesetzt sein.

Gewaltlosigkeit wäre daher eine sinnvolle Alternative zu Nachhaltigkeit. Sie ist ein starkes Konzept mit einer langen Tradition des politischen Kampfes, etwa bei Mahatma Gandhi (1869–1948) und Martin Luther King (1929–1968), denen ich mich sehr verbunden fühle. Ich bevorzuge jedoch Friedfertigkeit. Dieser Begriff ist positiver als Gewaltlosigkeit und impliziert, dass es eine Fertigkeit ist: etwas, das ich erlernen kann. Frieden gilt als ein Zustand unter Menschen. Doch er soll die gesamte Natur umfassen. Ich kann auch friedfertig gegenüber Bäumen, Fischen und Böden sein.

Friedfertigkeit ist ein Handwerk, für das ich mich entscheide, und das eingeübt sein will. Die Gewaltspirale zu unterbrechen, indem ich gewaltfrei handle, ist bestechend. Es ist nicht Ausdruck einer Schwäche, sondern zeugt von Stärke. Wenn ich den Konflikt mit meinem Nachbarn, der Arbeitskollegin oder meiner Freundin friedfertig zu lösen versuche, übe ich das Handwerk ein. Es erfordert eine liebevolle Haltung gegenüber allem Leben, welche sich den Verbindungen zwischen mir und der Stechmücke und allen anderen Lebewesen bewusst ist. Mir helfen dabei das Nachdenken, das Staunen über die Schönheiten der Natur sowie spirituelle Übungen.

Friedfertigkeit kann ich üben, indem ich mich frage: Wäre ich mit meiner Handlung einverstanden, wenn alle so handeln würden? Was empfindet mein Gegenüber, das von meiner Handlung betroffen ist? Würde ich mich mögen, wenn ich mir begegnen würde?

Mein Staunen führt mich zum Lieben

Mein Tod sagt Ja zum Leben

Totholz

Totholz
Sichert Leben
Verkündet die Tafel
Im Wald zu Baden

Totmenschen
Sichern Leben
Verkündet
Keine Tafel

Mein Sterben passt mir überhaupt nicht. Oft bin ich müde, meine Muskeln sind so schwach, dass ich kaum noch eine Treppe hochkomme. Ich schreie still oder bin antriebslos und schwermütig. Wenn ich stürze und alleine nicht mehr aufstehen kann, ist das demütigend. Rational hadere ich nicht mit der Frage «warum ich?». Doch ich werde wehmütig, wenn ich Achtzigjährige durch die Berge wandern sehe. Ich versuche mich zu trösten, dass es nicht besser wäre, wenn meine Freundin, ein Freund oder sonst jemand ALS bekommen hätte. Auch die Tatsache, dass kaum eine Familie von einem Schicksalsschlag verschont bleibt, versöhnt mich ein klein wenig.

Ich liebe das Leben und geniesse es mit Gesprächen, Essen, Ausfahrten in die Natur, einem Glas Wein, einem Buch oder einer Zigarre. Als reformierter Theologe mit einigen seelsorgerlichen Erfahrungen mit Trauernden ist mir meine

Situation nicht vollständig neu. Ich habe viele Abschiedsfeiern gestaltet und war mehrfach mit meiner Endlichkeit konfrontiert. Das waren immer ernste Anlässe, ging es doch um den Abschied von einer geliebten Person. Eine Feier war jedoch anders. Die ältere Frau wünschte, dass wir nach dem Abschied an ihrem Grab das Leben mit Prosecco feiern. Ich zeichnete deshalb in meinem Text ihr Leben anhand von Sprudelwein nach. Während meiner Rede machte mich der Sohn der Verstorbenen an. Es war so offensichtlich, dass ich innerlich schmunzelte. Alle stehen schwarzgekleidet mit ernsten Gesichtern rund um ein Grab und gleichzeitig schaut mich einer erotisch an, zieht mich mit Blicken aus. Das erheiterte mich. Warum dem Tod nicht mit Humor begegnen? Warum nicht beim Tod das Leben feiern?

Die Buddhistin und Sterbebegleiterin Joan Halifax (*1942) betont die befreiende Erfahrung, wenn man den Tod als Lehrer akzeptiert. Ihrer Meinung nach wird der Tod in der westlichen Kultur als ein biologisches und technisches Versagen gesehen. Als ein Feind, den es zu überwinden oder bestenfalls zu ertragen gilt. Er wird gefürchtet und verdrängt. Eine kollektive Kultur des Sterbens als erlösende Erfahrung fehlt in unseren Breitengraden, und Joan Halifax beklagt das: «Wenn wir uns in dieser unnatürlichen Weise vom Tod distanzieren, scheint die einzige Lösung für das Problem des Sterbens darin zu bestehen, weder Kosten noch Mühen zu scheuen, um ihn zu vermeiden. Und kostspielig ist diese

Haltung in der Tat – in den letzten sechs Monaten unseres Lebens sind die Krankenkassen meist stark gefordert.» (Halifax 2011: 87)

Mir gefällt die Idee, den Tod als ein grosses Ja zum Leben zu deuten. Fühle ich mich in das riesige Lebensnetz eingebunden, dann ist mein Sterben sinnvoll. Denn ohne ein Gleichgewicht zwischen Werden und Vergehen gibt es keine gesunde Gemeinschaft. Die Idee eines unendlichen Lebens ist eine schwere Störung. Ich habe gesund gelebt, mich regelmässig bewegt, Freundschaften gepflegt und mich nur wenigen Süchten hingegeben. Vielleicht habe ich beim Sport übertrieben. Und als selbstständig Erwerbender erlebte ich immer wieder Stress, weil ich zu viel oder zu wenig Arbeit hatte. Trotz meines guten Lebens wurde ich von dieser brutalen Krankheit überrascht und erfahre nun am eigenen Leib, dass das Leben unverfügbar ist: Mein Leben gründet weder auf meiner Leistung noch auf meinem Entscheid.

Das Gesundheitswesen versucht jedoch zu vermitteln, dass alles machbar ist und sich die meisten Krankheiten und Verletzungen kurieren lassen. Das trägt wohl mit dazu bei, den Tod zu verdrängen. Krankheit, Sterben und Tod passen nicht in unsere Leistungsgesellschaft. Das Ziel, den Tod zu überwinden, beflügelt viele, doch das lange, gesunde Leben bleibt eine Illusion. Auch mit dem digitalen Patientendossier, Operationen und Medikamenten lässt sich das Leben nicht vollständig kontrollieren: Ich bin sterblich und dem Unverfügbaren ausgeliefert. Das unerwünscht Überraschende in mein Leben zu integrieren, fordert mich. Gelingt es mir, meiner Wut und Trauer Ausdruck zu verschaffen, kann ich mich vielleicht mit meiner Sterblichkeit versöhnen. Ich wünsche mir, den Tod und was jetzt ist, dankbar annehmen zu können.

Ich versuche, geduldig und neugierig auf mein Sterben zuzugehen. In der Präsenz des Todes gebe ich mich dem Leben hin. Ich bemühe mich um Heilung, ohne der Illusion der totalen Machbarkeit zu verfallen. Das Unverfügbare des Lebens und seines Endes hat sogar einen Reiz: Es zwingt mich zu entscheiden, was ich in der verbleibenden Zeit tun will. Ohne meine Diagnose würde ich diesen Text kaum schreiben. Einschränkungen können im besten Fall ein kreatives Potenzial freisetzen. Wenn ich mir bewusst bin, dass ich jeden Moment sterben kann, muss ich mich nicht mehr ans Leben krallen, sondern kann gelassen Neues wagen und Risiken eingehen. Ich kann auf mein Herz hören und das machen, was mir wichtig ist. Etwa mein Leben vereinfachen und Bedürfnisse verkleinern.

Zu akzeptieren, dass Leben unverfügbar ist, ist für das Handwerk der Friedfertigkeit wichtig. Einmal ist der Aufwand das Leben, respektive den Tod zu beherrschen, sehr aufwändig. Warum also nicht den Tod akzeptieren und, im Sinne der Gründerin der Hospizbewegung und der Palliativ-Medizin Cicely Saunders (1918–2005) «nicht dem Leben mehr Tage, sondern den Tagen mehr Leben geben»? Ihr geht es nicht um ein möglichst langes Leben, sondern um dessen Intensität. Oder wie die krebsbetroffene Bloggerin Michèle Bowley in einem Interview sagte: «Ich sammle Leben, glückliche Momente, nicht Jahre» (Tages-Anzeiger 17.1.2022: 25). Zum anderen ist die Verfügbarmachung immer ein Versuch, die Natur zu beherrschen, was eine innerliche Distanzierung zu ihr erfordert und zumeist mit technischen und gewalttätigen Eingriffen verbunden ist. Aber muss man sich mit 95 Jahren wirklich noch operieren lassen? Anstelle den Tod zu verdrängen oder technisch das Leben zu verlängern, suche ich Sicherheit im Vertrauen ins Leben. Gelingt es mir, meine Angst vor dem Tod zu zähmen und mich als Teil eines grossen Ganzen zu sehen, kann das helfen, friedfertig zu leben.

Vertrauen gegen Todesangst

Urvertrauen

Du Blaustern
Begrüss den Frühling
Dein Blau sternt
Im Grau
Verwurzelt und weltsinnig
Mit wachen Ohren
Verspielt und tiefsichtig
Mit einem präzisen Auge
Kräftig und zart
Ein Blick ins Urvertrauen

Die Todesangst mit Vertrauen zu überwinden, ist leider nicht so einfach. Mein Sterben macht mir Angst, Angst vor dem Ende meines mir bekannten Lebens. Meine Vorstellungskraft reicht nicht aus, um mir ein Danach auch nur ansatzweise vorstellen zu können. Und da ich weder über eine eigene Erfahrung noch über ein sicheres Wissen über Sterben und Tod verfüge, ist es schwierig, Vertrauen aufzubauen. Vertrauen empfinde ich meistens gegenüber einem Menschen, einer Versicherung, der Justiz, gegenüber dem Sozialstaat oder einem funktionierenden Gesundheitswesen. Es basiert in der Regel auf Wissen, guten Erfahrungen oder Kontrollierbarkeit und vermittelt eine gewisse Sicherheit, auch unbekannte Situationen bewältigen zu können. Beim Tod fehlt ein solches Gegenüber. Kontrolle ist nur bei einem Suizid möglich.

Als gläubiger und zweifelnder Mensch versuche ich, dem göttlichen Geheimnis, das mich in Not irgendwie trägt, zu vertrauen. Letztlich habe ich Vertrauen ins Leben und seine unerklärlichen Energien. Ob es auf dem Sterbebett bestehen bleibt, weiss ich nicht. Ich wünsche mir, auch in den bedrohlichsten Momenten die Todesangst beiseitelegen zu können mit der Gewissheit, dass alles seinen richtigen Verlauf nehmen wird. Was könnte mir gegen die Sterbe- und Todesangst helfen?

— Von der Natur habe ich gelernt, dass es ohne Sterben kein Leben gibt. Fühle ich mich mit allem Leben verbunden, besteht auch nach meinem Tod etwas von mir fort. Als Teil dieses Kreislaufs habe ich sogar die Pflicht zu sterben. Sterben ist aus Sicht des Lebens eine Notwendigkeit. Der Tod ist ein Ja zum Leben.
— Sehe ich mich als Teil dieses wunderbaren und verletzlichen Planeten, fällt es mir leichter, mich in den Kreislauf von Werden und Vergehen, von Geburt und Tod einzufügen.
— Ich weiss, dass vor mir schon viele Menschen gestorben sind, und sie haben es auch geschafft. Im besten Fall werde ich bis zum letzten Atemzug neugierig bleiben können. Versuchen will ich es.
— Mein Ego ist unwichtig. Ich werde bald vergessen sein, also kann ich auch alle äusseren Merkmale wie Ruhm, Anerkennung oder Leistung loslassen. Das entspannt.

— Meine Partnerin und ich haben uns in schweren Momenten die Redewendung angewöhnt: «Es geht vorbei». Das sagen wir nur einander, wir wissen, wie es gemeint ist und können lachen. Jedes Leiden, jede scheinbar unerträgliche Situation, geht irgendwann vorbei. Und sei es mit dem Tod. Das fördert die Gelassenheit und stärkt das Vertrauen.
— Ich glaube an die Existenz einer nicht-materiellen Lebensenergie, die nach dem Tod weiterlebt. Ich vertraue trotz allem Nichtwissen darauf, dass es gut kommen wird.
— Den Tod verdrängen hat auch eine positive Seite. Stelle ich mir vor, dass es den Tod nicht gibt, sondern wir nur die Erscheinungsform ändern, schiebe ich ihn im Grunde nicht beiseite. Das ist eine vertrauensvolle spirituelle Haltung.
— Wenn ich mein Leiden nicht verdränge, sondern es begrüsse, ohne ihm viel Aufmerksamkeit zu schenken, und den Tod als Ende meines Lebens akzeptiere, dann stärkt das mein Vertrauen. Das ist eine hohe Kunst.
— In vielen Situation im Leben schenke ich einen Vertrauensvorschuss, zum Beispiel dem Banker, von dem ich nicht weiss, ob er mich nicht über den Tisch zieht. Warum nicht auch dem Tod vertrauensvoll begegnen und das Wagnis Vertrauen eingehen?
— Obwohl ich eingeschränkt bin, bin ich dankbar für mein Leben. Ich habe mich entschieden, den Blick aufs Schöne und Gelin-

gende zu richten, auch wenn es nur im Kleinen da ist. Das ist für mich eine Tür zum Glück und zum Vertrauen ins Leben.

Norin vertraut seinen Eltern blind. Das ist kein Entscheid, sondern scheint naturgegeben und wird täglich durch die Zuwendung der Menschen um ihn gestärkt. Vertrauen schenke ich immer mit eingeschränkter Sicht, denn würde ich klarsehen, bräuchte ich gar nicht erst Vertrauen zu schenken. Norin zeigt mir, wie es geht.

Ich baue meine Welten

Anders

Es könnte auch
Ganz anders sein

Dass der Mais
Uns zur Monokultur
Überlistet hat
Dass der Bart Gottes
Blau gefärbt ist
Dass die mürrische
Nachbarin in mich
Verliebt ist
Dass die Blaumeise
Rumerzählt
Ich sei glücklich

Es könnte auch
Ganz anders sein

Was ich im Wald sehe und übersehe ist geprägt durch meine Biografie, mein Nachdenken und meine Intuition. Auch durch mein Umfeld, die Menschen darin, die Medien, meinen Beruf und durch vieles mehr. Viele verschiedene Elemente erschaffen die Brillen, mit denen jeder sein Leben und die Welt wahrnimmt. Je nach Rolle setze ich eine andere Brille auf: als Grossvater, Sportler, Kranker, Ethiker oder Lyriker. Wenn ich ein Gedicht über die Eibe schreibe oder meine Rente berechne, konstruiere ich die Welt anders.

Mein Sterben zwingt mich, mit dem abstrakten und surrealen Tod in Kontakt zu treten. Ich weiss zwar rational, dass ich sterben werde, aber emotional ist der Tod doch fern. Ich bin ein Kind meiner Zeit und unserer Kultur der Todesverdrängung. Ein Trauerzug hinter Pferden, die einen Wagen mit Sarg ziehen, gibt es allenfalls noch in Dörfern oder bei Prominenten. Ich sehe höchstens noch graue Autos mit einem Kreuz auf der Heckscheibe. Die Friedhöfe sind ausserhalb der Zentren, und Tote werden so schnell als möglich unseren Blicken entzogen. Die Lebenden sollen damit nicht belästigt werden. Die Bilder der Särge der Corona-Toten aus Bergamo/Italien im Frühling 2020 im öffentlichen Raum sind anstössig. Vor der Kirche aufeinandergestapelt zeugen sie von einer schweren Krise. Es zeigt, dass Sterben und Tod nicht mehr als Teil des Alltages wahrgenommen wird. Geburten von Kindern werden im Gegensatz dazu mit bunten Tafeln allen mitgeteilt. «Emilia 25.3.2021» steht auf einem farbigen Schild vor dem Haus. Geburtenstationen der Spitäler publizieren auf ihren Websites in Babygalerien Fotos der Neugeborenen. Neugeborene zeigen wir, Tote werden schamvoll versteckt.

Ein Totenkopf auf dem Schreibtisch. Wie makaber! Dieses Bild eines Arbeitsplatzes eines Gelehrten hat sich mir eingeprägt. Ich verstehe es nicht als romantische Todessehnsucht, sondern als Schärfung des Bewusstseins für die Zerbrechlichkeit des Lebens. Der Tod kann mich jederzeit holen. Früher wurde oft ans Ende eines Briefes mit einem Termin das Kürzel «scj» gesetzt. «Sub conditione jacobi» meint: «so Gott will und wir leben» und bezieht sich auf die Bibelstelle im Jakobusbrief 4,13–15. Es gibt keine Lebens-Garantie. Der Tod ist jederzeit möglich. Obwohl wir täglich vom Tod umgeben sind, ist er doch fern.

Unfälle, Krankheiten, Alter, Kriege oder Seuchen füllen die Zeitungen. Krimis sind als Buch oder Film sehr beliebt. Ohne grosse Gedanken planen wir Ferien in einem Jahr oder buchen einen Kurs und sind felsenfest überzeugt, dann noch zu leben. Diese Sicherheit existierte früher nicht. Die Hysterie in den Medien aufgrund der Corona-Pandemie erkläre ich mir damit, dass die Möglichkeit zu sterben wieder präsent geworden ist. Der Tod kann jede und jeden treffen. Auch mich in einem der reichsten Länder. Manchmal stelle ich mir das Bild von mir selbst tot im Sarg vor. Ich versuche dann, alles von mir wegzunehmen: meinen Namen, meine Titel, meinen Besitz, Erschaffenes. Die Übung zeigt mir, dass ich auch ohne Besitztümer, Anerkennung oder Erfolg noch lebe und Mensch bin. Es offenbart mir eine spirituelle Dimension. Es ist wie in der Meditation: Alle Äusserlichkeiten werden unwichtig, und ich bin mit allem Leben verbunden.

Trotzdem ist es schwierig, mich in andere hineinzuversetzen. Noch schwieriger ist es, die Folgen meines Verhaltens für Menschen und Lebewesen in der Zukunft vorzustellen. Es ist schon anspruchsvoll, mich in die Nachbarin, mit der ich im Streit liege, einzufühlen. Alle Menschen konstruieren sich ihre eigene Wirklichkeit vor einem anderen biographischen Hintergrund. Das zu verstehen und anzuerkennen ist ein wichtiger Schritt für ein friedfertiges Leben, denn darin liegt keinerlei Wertung. Es bringt nichts, mich zu ärgern, dass nicht alle wie ich funktionieren. Und trotz allen Schwierigkeiten: Ohne Einfühlen gibt es keine Friedfertigkeit. Das kann ich mit Nachbarinnen und Nachbarn oder Menschen mit anderen Überzeugung täglich üben.

Ich bin ein Geschenk unter Geschenken

Geburt

Wunder der Geburt
Am Kind ist alles dran
Und doch wissen wir nicht
Wer es ist
Und sein wird

Jede Geburt lässt uns neu
Versuchen
Zu lieben
Geliebt zu werden
Krusten zu knacken
Kerne zu erweichen
Schmerzen auszuhalten
Mutig zu hoffen
Täglich zu gebären
Und neu die Welt
Zu verzaubern

Mir wurde das Leben geschenkt, denn Leben ist gegeben und nicht machbar. Ich wurde gezeugt und geboren und werde sterben. Es ist ein besonderes Präsent, ich hatte mir mein Leben nicht gewünscht. Ich wurde ungefragt ins Leben geworfen und durch die liebevolle Zuwendung vieler Menschen lebenstüchtig gemacht. Ernährt, erzogen und umsorgt habe ich mich nicht selbst. Ich brauchte, im Gegensatz zu den meisten anderen Tieren, ein Jahr zum Gehen und zwei zum Sprechen lernen. Dank der Begleitung von anderen Menschen habe ich Vertrauen ins Leben entwickelt. Und wie alle Menschen bin ich noch heute von anderen abhängig, besonders von meiner Partnerin. Ohne die Hilfe von anderen und der Natur könnte ich nicht wohnen, essen und reisen, nicht leben. Wenn ich mich in meinem Zimmer umschaue: Fast nichts könnte ich selbst herstellen. Tische, Stühle, Backofen, Laptop, Bleistift oder LED-Lampe. Selbst ohne Krankheit wäre ich verloren. Wir alle sind Geschenke unter Geschenken.

Mit dem Leben habe ich auch ALS geschenkt bekommen – eine Zumutung. Ist es da nicht zynisch, vom Leben als Geschenk zu schreiben? Ich möchte damit ausdrücken, dass kein Leben machbar ist, niemand kann Leben erzeugen. Ich kann Bucheckern säen, ob die Buche wächst, liegt nicht in meiner Hand, auch wenn ich die Erde gut bereitet und fleissig gewässert habe. Die Geschenke der Natur haben unglaublich viel Schönheit in die Welt gebracht. Schöne Buchen und Sonnenblumen, schöne Tiere und Menschen. Aber eben auch unendliches Leiden.

Für religiöse Menschen ist Gottes Schöpfung ein Geschenk. Doch auch ohne Religion kann ich diesen Charakter in allen Gaben des Lebens auf der Erde erkennen. Ein Geschenk verpflichtet zu einem sorgsamen Umgang damit. Ich bin auf Gemeinschaft, Kooperation und Wohlwollen angewiesen und alle anderen auch. «Ich bin, weil all die anderen sind» (Marti 2019: 111) bringt es Lorenz Marti auf den Punkt. Wenn alles Leben geschenkt ist, dann gibt es für eine Separierung und Hierarchie zwischen den Beschenkten keine Legitimation. Es gibt keinen Grund, den Menschen ins Zentrum zu stellen und ihm alle anderen Lebewesen unterzuordnen. Das Fundament einer gelebten Friedfertigkeit wäre ein ökozentrisches Menschen- und Weltbild: Wenn das Leben aller im Zentrum steht, werden alle in ihrer Würde als Subjekte respektiert.

Auch Friedfertigkeit führt zu Konflikten, die schwierig zu lösen sind. Ich kann nicht leben, ohne die Würde anderer zu verletzen. Ich esse Pflanzen, zertrete unabsichtlich Ameisen oder begrenze den Lebensraum anderer durch Strassen und Häuser. Solche Dilemmata zwingen mich, eine Hierarchie zu erstellen: Ich würde das Leben eines Menschen retten, wenn ich dazu einen Bären töten müsste. Tiere mit einem Zentralnervensystem, die mit Sicherheit leidensfähig sind, schütze ich wiederum eher als eine Kellerassel. Das Leben von Tieren erachte ich im Vergleich zu Pflanzen höherwertig. Auch wenn sich solche Hierarchien kaum vermeiden lassen: Sie rechtfertigen niemals, irgendwelchen Lebewesen gedankenlos Leid zuzufügen. Ich kann mich dennoch stets darum bemühen, ihnen den grösstmöglichen Respekt zu zollen.

Fülle statt Knappheit

Fülle

Ich lebe die
neue Fülle

Ich drossle
den Einkaufswagen
und tanze zu den
Drosseln
in den Morgen

Ich fülle
keinen Tiger
in den Tank
und drücke
die Eiben

Ich schlachte
die Metzgerei
und brate
in der Sonne

Ich hamstere
Freiheit
und verlasse
das Rad

Die Krankheit macht meine Welt immer kleiner. Sie verleitet mich, nur noch meine Einschränkungen zu sehen, anstatt mich an dem zu erfreuen, was noch möglich ist. Wenn es mir gelingt, den Blick auf dieses zu lenken, verliert der Mangel an Bedeutung. Ich verdanke mein Leben unzähligen Vorleistungen: der Liebe vieler Menschen, den Geschenken der Natur und der Sprache. Die Liebe hat mich zu dem gemacht, was ich heute bin. Die Natur lässt mich atmen, wärmen, trinken, essen und mich an einem Baum erfreuen. Mit der Sprache bekam ich Werte vermittelt, die ich ohne sie nicht hätte verinnerlichen können. Ich bin in eine Kultur eingeführt worden, die mich bis heute prägt. Ich bin also mit Fülle und viel Vorschuss ins Leben gestartet und lebe heute noch davon. Mir ist bewusst: Ich bin privilegiert. Auf diese kostbare Fracht will ich meinen Blick richten.

Fülle statt Knappheit ist zentral für Friedfertigkeit. Mahatma Gandhi formulierte es präzis: «Die Welt hat genug für jedermanns Bedürfnisse, aber nicht für jedermanns Gier.» Die profitgetriebene Wachstumsökonomie geht jedoch von Knappheit aus: Wir sollen das Gefühl haben, mehr brauchen zu müssen. Sie strebt permanent nach dem Immer-mehr-nie-genug. Gier wurde zur Grundhaltung von Individuen, Kapitalgesellschaften und Börsen. Die Wachstumsökonomie erfordert bedürftige Menschen, die ihre Sehnsüchte mit Konsum zu befriedigen suchen.

Sich an der Fülle zu orientieren und dankbar für das Mögliche sein, würden der Ökonomie zu ihrer ursprünglichen Bedeutung verhelfen: zu einer Wirtschaft, die Kooperation, Solidarität und Fürsorge ins Zentrum stellt. Dankbare und glückliche Menschen sind für die Wachstumswirtschaft ärgerliche Zeitgenossinnen, denn sie sind weitgehend immun gegenüber den Versuchungen des Konsums und seiner kurzen Befriedigung. Dankbarkeit für die Fülle und das geduldige Annehmen der Begrenzungen öffnen die Türen zur Friedfertigkeit.

Ich sehe die Erde als einen lebendigen Organismus. So wie Berge, Täler, Flüsse oder Meere die Erde am Leben halten, arbeiten in meinem 64-jährigen Körper trotz Krankheit mehr oder weniger alle Organe gut zusammen und ermöglichen mein Leben. Nur in der Vielfalt ist Leben möglich. Unsere Wirtschaft tut sich jedoch schwer damit. Einige grosse Agrarkonzerne beispielsweise versuchen, das Saatgut zu horten. Denn wer die Samen kontrolliert, hat den Gewinn auf sicher. Die indische Anwältin und Ökofeministin Vandana Shiva (*1952) beschreibt, wie es in ihrem Land bis vor einigen Jahren 100'000 Reissorten gab, angepasst an Region, Klima, Böden oder Essgewohnheiten. Bauern und Bäuerinnen züchteten geduldig und sorgsam über Jahrhunderte Reis und andere Lebensmittel. Saatgut besass eine spirituelle Dimension. Die Würdigung von Samen brachte die Verbundenheit mit den Vorfahren und die existentielle Abhängigkeit zum Ausdruck. Heute gibt es noch 10 Sorten Reis (Shiva 2001: 21). Sorten, die von Konzernen gezüchtet wurden, um möglichst viel Ertrag abzuwerfen, die aber stark von Kunstdünger, Pestiziden und guten Böden abhängig sind. Pflanzen sind nicht mehr länger ein Gemeingut, sondern werden mit Patenten geschützt. Immer weniger Konzerne bestimmen weltweit über einen wachsenden Anteil der Lebensmittelangebote. Ein solches Monopol ist das Ergebnis der kapitalistischen Logik und bedeutet eine ökologische Katastrophe, denn in der Vielfalt liegt die Fähigkeit der Anpassung. Auch auf sozialer Ebene ist es verheerend, wenn Bäuerinnen und Bauern statt ihr Saatgut natürlich zu gewinnen, es kaufen müssen und sich dabei verschulden.

Monopole sind zerstörerisch. Seit vielen Jahrtausenden hat die Natur bewiesen, dass sie selbst bei grossen Katastrophen anpassungs- und überlebensfähig blieb. Aus einer Perspektive der Fülle anerkenne ich die elementare Bedeutung von Vielfalt und versuche zu verhindern, dass pures Gewinnstreben die Würde aller Lebewesen mit den Füssen tritt. Charles Eisenstein: «Zu wissen, dass die Erde als Ganzes lebendig ist, ist ein Schritt dahin, sie wieder als heilig zu begreifen. Ein Schritt hin zur Ehrfurcht gegenüber allen Wesen» (Eisenstein 2019: 39). Oder wie es der Theologe und Arzt Angelus Silesius (1624–1677) dichtete: «Die Ros' ist ohn Warum, sie blühet, weil sie blühet, sie acht' nicht ihrer selbst, fragt nicht, ob man sie siehet» (Silesius 1984: 69).

Ich öffne mich den Geheimnissen

Zündkerze

Die Leere
lässt bei der Zündkerze
Den Funken springen

Die Hohlräume
In der Isolation
Garantieren Wärme

Die Luftblasen
Im Prosecco
Prickeln im Gaumen

Der Zwischenraum
Macht
Den Gartenzaun

Nur kein Muss
Führt zum Kuss

Ohne Nichts
Zündet nichts

ALS gilt als unheilbar. Warum soll aber eine Krankheit unheilbar sein? Man müsste präziser formulieren, dass ALS für die Schulmedizin unheilbar ist. Tatsächlich gibt es kaum Berichte über Heilungen und dennoch richte ich mich danach aus. Bereits diese Haltung hilft mir, nicht in Angst zu erstarren, sondern zuversichtlich und aktiv zu bleiben. Ich liess mich mit Chinesischer Medizin, mit Kinesiologie und von einem Heiler behandeln. Alles ohne Erfolg. Seit einigen Jahren setze ich auf die Homöopathie, meine Partnerin behandelt mich mit unglaublich grossem Engagement. Mit hoher Wahrscheinlichkeit schreitet deswegen meine Krankheit so langsam voran, und ich kann noch weitgehend ohne Rollstuhl leben. Immer wieder spüre ich positive Wirkungen der Mittel, bekomme mehr Energie, bin weniger steif, verschlucke mich seltener oder habe zuweilen fast keine Rückenschmerzen und Krämpfe mehr. Für die Homöopathie ist keine Krankheit unheilbar, auch wenn es bei schweren Leiden wie etwa bei neurologischen Störungen sehr schwierig ist.

Die Homöopathie wurde vom deutschen Arzt Samuel Hahnemann (1755–1843) im Jahr 1796 erfunden. Von den alternativen Behandlungsmethoden ist sie heute in der Schweiz die am meisten genutzte. Viele schulmedizinisch ausgebildete Ärztinnen und Ärzte behandeln mit Erfolg damit. Die Grundlage der Homöopathie ist das Ähnlichkeitsgesetz: Eine Substanz, die Symptome bei einem Gesunden hervorruft, besitzt die Kraft, ähnliche Symptome bei einem Kranken zu heilen. Ausgangssubstanz von homöopathischen Mitteln ist eine Urtinktur, je nachdem bestehend aus Mineralien, Metallen, Pflanzen oder tierischen Stoffen. Die Tinktur wird verdünnt (potenziert). Meistens so stark, dass keine Moleküle mehr enthalten sind. Durch Schütteln oder Schlagen gelangen Informationen des Ursprungswirkstoffs auf nichtmolekularer Ebene in die verdünnte Flüssigkeit. Man geht davon aus, dass die Informationen als eine Art Schwingung die Wirkung erzeugen. Die Homöopathie behandelt nicht Symptome, sondern immer den ganzen Menschen mit Körper, Geist und Seele, denn sie sagt, dass jede Erkrankung den Gesamtzustand eines Individuums verändert.

Meine Auseinandersetzung mit Tod und Leben zeigt mir auf, dass ich nicht weiss, woher meine Lebensenergie kommt. Es bleibt ein Geheimnis. Die Lebensenergien aller Lebewesen sind wahrscheinlich vergleichbar mit den Informationen und Schwingungen der homöopathischen Mittel. Vielleicht haben alle Lebewesen Anteil an derselben Lebensenergie. Damit lässt sich erklären, weshalb mir viele Gaben der Natur homöopathisch helfen könnten, sofern ihre und meine Schwingungen ausreichend ähnlich sind. Diese Ähnlichkeit zu finden ist die grosse und oft schwierige Aufgabe der Homöopathin. Die Mittel geben mir einen Impuls, der meine Selbstheilungskräfte anregt. Hilft mir homöopathisches Phosphor, gehe ich davon aus, dass dieses Mineral von der Struktur und den Schwingungen her mit mir verwandt ist – ein weiterer Hinweis, wie verbunden ich mit allen Lebewesen und auch mit der unbelebten Materie bin.

Die Natur hat für viele Herausforderungen eine Lösung, wenn wir bereit sind, mit ihr zusammenzuarbeiten.

Die Homöopathie betrachtet und behandelt mich als ganzen Menschen. Sie wertet nicht und sucht keine psychologischen Erklärungen. Die Raucherin, der Alkoholiker, die geldgierige oder hyperaktive und unaufmerksame Person werden ernst genommen, und solche Phänomene werden für die Suche eines Mittels einbezogen. Ich vertraue dieser Methode, denn ich habe viele Heilungen miterlebt. Bei sachgerechter Behandlung ist das Risiko einer Verschlimmerung von problematischen Nebenwirkungen oder einer Schädigung gering, entgegen vielen pharmazeutischen Medikamenten.

Mahatma Gandhi würdigte die Homöopathie als eine subtile Methode, Patienten wirtschaftlich und gewaltlos zu behandeln. Er fand, die Politik müsse sie in Indien fördern und beschützen, und das hat Indien wie kein anderes Land gemacht. Nebst Schulmedizin und Ayurveda wird an den Universitäten Homöopathie gelehrt. Viele der besten Homöopathinnen und Homöopathen kommen aus Indien.

Die Homöopathie gründet auf einem ganzheitlichen Menschen- und Weltbild, in dem feinstoffliche Informationen wichtig sind. Wenn ich nur akzeptieren würde, was jemand rational erklären und wissenschaftlich belegen kann, dann müsste ich sogar mein eigenes Leben in Frage stellen. Ich kann nämlich rational nicht erklären, wie Leben in mich hineinkam. Mir reicht es zu erfahren, dass ich lebe. Und bei der Homöopathie genügt mir die Erfahrung der Wirkung. Ich will das Leben mit seinen Geheimnissen ehren und vertraue auf seine Heilkraft. Homöopathie ist nur ein Beispiel. Eine solche liebevolle Haltung gegenüber dem Leben darf sich in allen Bereichen zeigen.

Staune mehr!

Wo

Staune wo du siehst
frage wo du kannst
säe wo du isst
esse wo du hungerst
grabe wo du stehst
baue wo du bist
wohne wo du liegst
liebe wo du lebst
lebe wo du liebst
liebe überall alles

«Einen Augenblick staunen» ist der Titel dieses Büchleins, denn ich staune, dass ich lebe und sterbe. Ich staune, dass der Zwetschgenbaum vor meinem Haus Früchte trägt. Ich staune, wie Norin staunt. Er ist darin ein Weltmeister. Wie er das erste Mal einen Hund sah und wahrnahm, zuerst schüchtern und zaghaft, dann mutiger, aber immer staunend.

Staunen kann ich in jeder Lebenslage. Bin ich krank, bekommt es einen eigenen Charakter. Ich staune, was mein Körper mit mir macht. Krämpfe, Steifheit oder Stürze ereilen mich ungefragt. Morgens im Bett dreht sich meine rechte Hand manchmal schnell hin und her. Willentlich könnte ich das nicht. Die Nerven geben ohne mein Zutun die Impulse. Ich könnte verärgert sein, aber ich kann mich auch einfach darüber wundern. Seit ich die Tretmühlen des Alltags verlassen musste, habe ich mehr Zeit zum Staunen. Ich muss nicht mehr 50 E-Mails pro Tag beantworten und an keinen langweiligen Sitzungen mehr teilnehmen mit Menschen, die sich nicht kurzfassen können.

Manches bringt mich noch mehr zum Staunen als früher. Wenn ich über exorbitante Managerlöhne lese oder von den Schweizer Waffenexporten im Jahr 2020 für 900 Millionen Franken. Oder dass sich der Besitzer von Amazon eine Privatjacht für 500 Millionen US-Dollar bauen lässt. Ich wundere mich noch mehr darüber, weil ich nun deutlicher denn je spüre, wie belanglos es ist. Ein Haschen nach Wind. Jetzt habe ich mehr Zeit zum Sein und zum Staunen über Wolkenbilder, über das leuchtendgelbe Schöllkraut, das aus dem Kies wächst oder über einen frischen Regenwurmhaufen, über Knospen an Bäumen, schon an Weihnachten in Erwartung des Frühlings. Im Gespräch mit meinem Freund lausche ich staunend seinen Gedanken.

Die Schriftstellerin und Meeresbiologin Rachel Carson (1907–1964) zeigte im berühmten Buch «Silent Spring» minutiös auf, wie Pestizide die Natur zerstören und Vögel verstummen. Es gilt als Öko-Klassiker, Carson brachte damit in den USA die Umweltschutzbewegung in Gang. Dieses Buch las ich als Jugendlicher, und es veränderte mein Leben tiefgreifend. Die Tatsache, dass es keine Muttermilch ohne Spuren des toxischen Insektizids DDT gibt, erschütterte mich. Entgegen den familiären Erwartungen machte ich eine landwirtschaftliche Berufslehre, da ich nicht Teil der Industriegesellschaft sein wollte, die ich als zerstörerisch empfand.

Carson publizierte 1956 auch den Essay mit dem englischen Titel «The Sense of Wonder. A Celebration of Nature for Parents and Children». Wies sie in «Silent Spring» mit harten Fakten auf Gewalt und Zerstörung hin, ging es in «Sense of Wonder» um die «Magie des Staunens», wie der deutsche Titel lautet. Sie geht mit ihrem kleinen Neffen Roger ans Meer, in Wälder oder bestaunt den Sternenhimmel, ohne ihm etwas zu erklären. Sie bringt ihm durch intensives, gemeinsames Erleben die Wunder der Natur nahe. Diesen kurzen Essay wollte Carson noch zu einem Buch ausweiten, aber eine Krebserkrankung setzte ihrem Leben 1964 ein Ende.

Norin erkundet begeistert die Welt. Er riecht an der Rose und braucht nicht zu wissen, wie sie heisst. Er befühlt die Blütenblätter, die samtweich sind, ganz anders als der Holztisch. Er schmeckt eine Zitrone, in die er herzhaft hineinbeisst. Er fühlt das Nein, wenn er das Kristallglas nicht in die Hand nehmen darf. Er lebt noch im reinen Staunen. Staunen ist reich an Zeit und Aufmerksamkeit. Diese Blickweise auf die Welt ist unvoreingenommen und liebevoll und damit ein Fundament von Friedfertigkeit. Sie verbindet mich auf magische Weise mit der Welt, ohne dass ich Informationen dazu benötige. Für Rachel Carson war klar, dass die Liebe zur Natur, die über das Staunen angeregt wird, Anfang und Grundlage sein muss für deren Schutz. «Ich glaube fest daran, dass es nicht halb so wichtig ist zu wissen wie zu fühlen – das gilt für das Kind wie für die Eltern, die es anleiten wollen» (Carson 2019: 34).

Als junger Mann bestimmte ich leidenschaftlich Pflanzen und untersuchte manchmal mit einer Lupe die Blüten. Immer wieder beeindruckten mich ihre Schönheit und Reinheit. 1978 ging ich im Januar auf eine botanische Exkursion. Zuerst dachte ich, dass es nichts zu sehen geben wird, in dieser Jahreszeit blühen doch keine Pflanzen. Umso erstaunter war ich, was man alles entdecken kann. Ich war betrübt, weil mich Pflanzen bis dahin nur interessiert hatten, wenn sie blühten. Pflanzen blühen jedoch nur kurze Zeit. Vorher und nachher gibt es immer noch viel zu bestaunen: Knospen, Stängel, Blätter, Behaarung oder Früchte und natürlich Tiere auf Besuch.

Bereits vor mehr als 40 Jahren sah ich die Würmer und mit ihnen die Fruchtbarkeit der Böden bedroht. Noch heute staune ich, was sie leisten und welche Bedeutung sie für die Ernährung haben. Sie und unzählige weitere Bodenlebewesen bringen Luft in die Gänge des Bodens und beleben ihn, sie helfen Humus zu bilden. Meine Begeisterung fürs Schöne und Belebende hat mich und mein Denken geprägt.

In der Natur fühle ich mich nie allein. Ich komme kaum noch in einen Wald, doch auch vor unserem Haus gibt es viel zu entdecken. Rachel Carson: «Wer die Schönheiten der Erde betrachtet, findet Kraftreserven, die reichen, so lange das Leben währt» (Carson 2019: 63). Tatsächlich tröstet mich die Natur mit ihrer Zartheit und Kraft, mit ihrem Überfluss und ihrer Schönheit, aber auch mit dem Leiden und Sterben, das allgegenwärtig ist. Wenn ein Kirschbaum blüht, wird alle Kraft und Schönheit aufgeboten, als ginge es um alles. Die Rhythmen der Natur, das immerwährende Werden und Vergehen haben etwas Heilsames und schenken mir das Vertrauen, dass auf die Nacht der nächste Tag folgt. Mein Leben geht dem Ende zu, Norin hat es noch vor sich. Der nächste Frühling kommt sicher, mit mir oder ohne mich.

Staunen bremst die gierige Dynamik meines «Welthungers». Ein Moment des Staunens erfüllt mich mehr als jeder Kauf einer Ware. Es gibt an jedem Ort und in jeder Lebenssituation unzählige Gelegenheiten.

Mit meinen Augen verfolge ich die Tauben. Mit der Nase nehme ich den Sommerregen oder den ersten Schnee wahr. Mit dem Gaumen schmecke ich den Salbei. Mit den Fingerspitzen erlebe ich die Jahrringe auf dem verwitterten Tisch und die Herbstsonne wärmt meine Backen. Mit den Ohren folge ich dem Blätterrauschen im Wind. Ich staune über meine wildwirbelnden Gedanken zwischen Akku aufladen und Zitronen kaufen.

Liebe statt Nutzen

Liebe

Ein Kommen
Der bedingungslosen
Grundlosigkeit

Fürs Staunen brauche ich Zeit und Ruhe. Wenn ich mich vom Gegenüber etwas distanziere, dann mindert das meine Anteilnahme nicht. Im Gegenteil: Die Verbindung wird stärker, denn kein Nutzenkalkül steht dazwischen. So kann ich den Lebenswillen erkennen und übe mich in Mitgefühl und Liebe. Das ist die Voraussetzung für Friedfertigkeit. In dieser liebevollen Haltung, die selbstverständlich die Bedürfnisse anderer akzeptiert und dankbar ist für das, was möglich ist, nehme ich die eigenen wie auch die Grenzen anderer ernst. In der Zahlenlogik und Nutzenfixierung sind Grenzen dagegen abstrakt. Ohne Empfindungen für die Natur und Lebewesen werden sie viel einfacher übertreten.

Charles Eisenstein beschreibt es so: «Mit dem Raubbau am Leben auf der Erde geht ein Raubbau an unseren Seelen einher. Wenn wir Wesen töten, töten wir auch unser eigenes Wesen ab. (…) Jeder Akt der Heilung, wie klein auch immer, ist ein Gebet, ein Manifest, wie die Welt sein soll. Können wir uns auf unsere Liebe für diesen schmerzenden, lebendigen Planeten einlassen und diese Liebe durch unsere Hände und unseren Verstand, durch unsere Technologie und unsere Künste zum Ausdruck bringen, uns fragen: ‹Wie können wir am besten teilhaben an der Heilung und am Träumen der Erde?›» (Eisenstein 2019: 59 ff.)

Eisenstein lädt dazu ein, das Leben zu lieben. Wie gelingt mir das mit dieser hässlichen Krankheit? Und wie soll ich das Leben lieben, wenn ich den lieblosen und gewalttätigen Umgang der Gesellschaft mit Menschen, Tieren und der Natur beobachte? Wie Vertrauen ist auch die Liebe ein Wagnis und beginnt mit einem trotzigen Vorschuss. Ich will trotz allem lieben und die Spannung zwischen Verbindung und Einsamkeit aushalten. Während ich diese Gedanken über die Liebe niederschreibe, bemerke ich eine gewisse Scham. Ist die Hemmung, von Harmonie und Liebe zu schreiben, nicht eigenartig? Wie konnte es so weit kommen, dass ein Gutmensch lächerlich gemacht wird?

Ob ich zur Liebe fähig bin, zeigt sich an meinem Umgang mit Feinden. Vom libanesisch-US-amerikanischen Maler, Philosophen und Dichter Khalil Gibran (1883–1931) stammt der Satz: «Gott sagte, liebe deine Feinde, ich hörte auf ihn und begann mich selbst zu lieben». Selbstliebe und Selbstbefreundung sind deshalb der Ausgangspunkt jeder liebevollen Haltung. Ich akzeptiere mich mit allen Schwächen, Traumatisierungen und auch schwierigen Charakterzügen. Ich bemühe mich trotz allem, mich in andere einzufühlen und sie nicht zu verletzen. Ich bleibe selbstkritisch und bin bereit, mich von anderen überzeugen zu lassen. Das ist alles andere als einfach. Aber wer macht den Anfang bei einem Streit? Wieviel Egoismus lasse ich bei mir zu? Wieviel Augenzudrücken toleriere ich? Was empfindet das andere Lebewesen?

Ich versuche, aus der Frosch- in die Vogelperspektive zu wechseln, und mich immer wieder in die Schuhe oder auf die Füsse, Klauen oder Hufe von anderen Lebewesen zu stellen. Ich will mich nicht so wichtig nehmen und in den Mittelpunkt stellen. Solche Seitenwechsel sind zentral, um sich im Lieben zu üben. Ich versetze mich in ein Flüchtlingskind auf Moria in Griechenland. Wie geht es ihm? Wonach sehnt es sich? Wie will es behandelt werden? Was wünscht es von mir? Ich bemühe mich, das Leiden des Flüchtlingskindes als eigenes zu empfinden. Man unterscheidet Mitleiden und Mitfühlen. Mitleiden ist wichtig, aber es besteht die Gefahr, gelähmt zu werden. Mitgefühl ist die Fähigkeit, sich in andere hineinzudenken, ohne ganz ins Leiden hineingezogen zu werden und handlungsfähig zu bleiben. Das braucht viel Übung. Oft bin ich so stark mit mir beschäftigt, dass der Graben zwischen mir und dem Anderen unüberwindbar scheint oder ich nichts fühle. Allzu oft habe ich andere nicht wahrgenommen. Ich begleitete den guten Kollegen nach seiner MS-Diagnose nicht. Für meine depressive Freundin habe ich mir wenig Zeit genommen. Ich nahm mir die Zeit nicht. Und wie oft habe ich ein Verhalten völlig falsch eingeschätzt und mir nicht die Mühe genommen, genau nachzufragen? Mitgefühl braucht Zeit, unter

Stress stellt es sich nicht ein. Mit Achtsamkeit versuche ich, das andere Lebewesen wahrzunehmen, aber dabei auch mich zu beobachten. Was geschieht in meinem Körper? Was fühle und denke ich? Mitgefühl verlangt viel Vorsicht und Respekt.

Mitgefühl ist eine emotionale, aber auch eine intellektuelle Herausforderung. So muss ich anerkennen, dass meine Interessen nicht wichtiger sind als die der anderen. Vielleicht sind meine Überzeugungen falsch, und was ich bisher annahm, ist ganz anders. Ich muss immer wieder kritisch reflektieren und bereit sein, meine Ansichten über Bord zu werfen. Das verlangt im Grunde einen Dialog mit den Betroffenen meiner Handlungen. Fragen, antworten und rückfragen. Ein direkter Austausch ist jedoch mit Abwesenden, Tieren oder Pflanzen nicht möglich.

Ich kann mich in den Baum, den Adler, in die Legehenne oder den Regenwurm hineinversetzen. Der Baum will leben, er steht in einem regen Austausch mit Pilzen, Vögeln, Insekten und vielleicht anderen Bäumen. Ein Adler will fliegen, braucht reichlich Futter, ein intaktes Lebensumfeld. Eine Legehenne will, wie alle anderen, artgerecht leben und nicht aufs Eierlegen reduziert und dazu gezüchtet werden. Sie will mit Sicherheit auch nicht, dass ihre männlichen Küken geschreddert werden. Eine Legehenne will sie sicherlich nicht sein. Der Regenwurm will einen guten Boden ohne Gifte und keine schweren Traktoren, die seine Wohnung zerdrücken. Er will viel essen und braucht dazu Erntereste und einen immergrünen Boden. Auch die Eiche, der Kopfsalat und das Radieschen wollen leben, Nachkommen erhalten und gut alt werden. Alle Lebewesen wollen leben. Das tönt banal, ist aber nicht selbstverständlich in Zeiten von massivem Insekten- und Vogelsterben und jährlich weltweit getöteten 50 Milliarden Hühnern, 1,5 Milliarden Schweinen, einer Milliarde Schafe und Ziegen und 300 Millionen Rindern. Töten ist nur möglich, wenn jegliche Liebe und jegliches Mitgefühl ausbleiben.

Norin liebt, er gibt sich vertrauensvoll und bedingungslos hin. Er gibt meine Zuwendung vielfach zurück. Er ist ein Antidepressivum. Wenn ich schwermütig bin, wirken sein offenes Gesicht und sein Lachen Wunder.

Sich frei lachen

Heute

Das Skelett hat mich
Heute im Spital
Geküsst
Stürzend suchte
Ich Halt an ihren Rippen
Aber die Knochenfrau
Warf sich auf mich
Und flüsterte
Mir ins Ohr:
Das kommt vor!

Das Gedicht «Heute» gründet auf einer realen Erfahrung. Ich stürzte im Spital rückwärts und schlug hart mit dem Hinterkopf auf den Boden. Dabei riss ich ein Demonstrationsskelett mit. So lag ich mit den Knochen auf dem Bauch da. Im ersten Moment nahm ich nur den starken Schmerz wahr, doch gleich danach die Komik. Ich dachte: Darüber muss ich ein Gedicht schreiben. Immer wieder erlebe ich, wie heilsam Humor in schwierigen Situationen ist. Auch wenn ich über das Sterben nachdenke. Jedes Mal, wenn ich mich an diese Situation und an das Gedicht erinnere, freue ich mich.

Schmerz wird erträglicher, wenn ich schmunzeln kann. Humor entspannt und lässt mich das Schwere für einen Moment vergessen. Ich gehe auf Distanz zu mir und nehme mich nicht mehr so ernst, auch wenn die Lage nicht lustig ist. Ab und zu mache ich Witze über mich im Sarg oder wie ich von Maden gefressen werde. Darüber, wie es sein wird, das Gras von unten zu sehen – ich werde dann mit Sicherheit nicht mehr hinken. Galgenhumor tut gut.

Humor bewahrt mich vor Überheblichkeit und Allmachtsphantasien. Ich bilde mir nicht ein, ALS könne mir nichts anhaben und ich hätte alles unter Kontrolle. Ich schreibe diese Sätze zwar mit ALS, aber immer noch aus der Komfortzone. Ob ich noch lachen kann, wenn ich den Hintern nicht mehr selber putzen kann oder der Tod vor der Tür steht, weiss ich nicht. Auf jeden Fall versuche ich, eine Haltung der gelassenen Heiterkeit zu üben, ohne Wut und Trauer zu unterdrücken.

In einem Cartoon sitzen Charlie Brown und Snoopy auf einem Steg und schauen aufs Wasser. «Eines Tages werden wir sterben, Snoopy», sagt Charlie Brown. Und Snoopy antwortet: «Ja, aber an allen anderen Tagen nicht.»

Ich habe immer nach Möglichkeiten gesucht, politisch ernste Anliegen mit Witz vorzubringen. Vor vielen Jahren legte ich mit einer Gruppe Leute eine grosse Kreuzung lahm. Die etwa 30 Männer im Frack und Frauen im Hochzeitskleid besetzten die Fahrbahn und schenkten den Autofahrern Prosecco aus. «Ozon feiert Hochzeit» stand auf einem Transparent. Das war für uns Aktivistinnen und Aktivisten lustvoll, ergab ein schönes und absurdes Bild und wies auf die Luftverschmutzung hin. Die Polizistinnen und Polizisten wussten nicht so recht, wie sie darauf reagieren sollten. Sie baten uns höflich, die Strasse zu räumen. Leichtigkeit und Witz stehen nicht im Widerspruch zum Ernst eines Anliegens. Vielleicht verleiht Humor der Friedfertigkeit sogar mehr Glaubwürdigkeit und beflügelt besser die Freude und Motivation.

Was für den Umgang mit meiner Krankheit hilfreich ist, gilt also auch für das Engagement für die Mitwelt. Und bewahrt uns vor Zynismus und Resignation. Heiterkeit kann hoffentlich auch die Todesangst besänftigen und helfen, die Blickrichtung zu wechseln: «Der alte Berner Oberländer Bauer reist zum ersten Mal ins Ausland nach Paris. Nach seiner Rückkehr antwortet er auf die Frage wie es war: Paris sei schön, aber sehr abgelegen.»

Jetzt

Grau

Heute ist ein
einmaliger Tag
das Grau tiefer
mein Kopf runder
das Licht heller

Heute ist ein
einzigartiger Tag
keiner war so
nicht einer
wird so sein

Drum
feiere
ich
diesen
Tag

«Ein Reiter, hoch zu Ross, jagt im Galopp über die Landstrasse. Ein alter Bauer auf dem Feld bei seiner Arbeit richtet sich auf und ruft: ‹He, Reiter, wohin?› Der wendet seinen Kopf über die Schulter und schreit zurück: ‹Frag nicht mich, frag das Pferd.›» (Kabitz 1989: 47) Diese indische Kurzgeschichte beschreibt, wie oft man von seinen Routinen und Lebensmustern getrieben ist, die vermeintlich keine Wahl lassen. Auch ich war ein Getriebener. Wichtige Anliegen verschob ich auf später, und ich redete mir ein, dass es bald ruhiger wird. Doch das wurde es meistens nicht. Leidenschaftlich jagte ich von einer Aktivität zur nächsten. ALS hat mich gestoppt. Falls ich keinen Weg zur Heilung finde, werde ich wahrscheinlich an Sauerstoffmangel sterben oder weil ich mich verschlucke, ersticken. Diese Vorstellung ist grauenhaft, darum lasse ich sie selten zu. Überhaupt versuche ich nicht, mir zu überlegen, wie es in einem halben oder in zwei Jahren sein wird. Trotzdem kann ich gewisse Gedanken nicht wegdrücken. Zum Beispiel ob ich im Sommer 2021 zum letzten Mal alleine im Engadin in den Ferien war. Das schmerzt.

Die Vorstellung einer schlimmen Zukunft hindert mich, im Jetzt zu sein. Zweimal pro Woche gehe ich zur Physiotherapie. In der Garderobe treffen sich Männer mit den unterschiedlichsten Leiden. Im Gespräch kommentierte einer all die schweren Schicksale so: «Aber wir leben noch.» Das ist ein starker Ausdruck von Präsenz. Wäre die Alternative, tot zu sein, besser? Die Antwort ist einfach. Ich will mich nicht von einer schrecklichen Zukunft tyrannisieren lassen, sondern das noch Mögliche geniessen. Vertiefe ich mich ins Schreiben, oder ins Formulieren eines neuen Gedichts oder ins Kochen des Abendessens, vergesse ich sogar ALS. Das ist ein wunderschöner und erfüllender Zustand, in den ich nur ab und zu gelange. Norin tanzt im Sommerregen. Alle rennen unters Dach, nur er spielt mit grosser Freude im Regen am kleinen Brunnen. Er hat keine Angst vor einer Erkältung. Er lebt im Jetzt.

Sinn und Glück

Mich

Ich bilde mich
nicht die Schule
ich heile mich
ohne Medizin
ich versöhne mich
nicht die Justiz
ich bewege mich
ohne die Kiste
ich ernähre mich
ohne Supermarkt
ich unterhalte mich
nicht Spotify
ohne mich
bin ich nicht
Ich

Wozu bin ich eigentlich hier? Worin könnte meine Bestimmung liegen? Für mich gibt es nur eine Antwort: Als Teil eines grossen Ganzen habe ich die Aufgabe, allem Leben zu dienen und glücklich zu sein. Sehe ich mich in den Kreislauf von Leben und Tod eingebettet, fehlt einem Leben ohne Tod der Sinn – und zwar unabhängig von der Dauer meines Lebens. Mit meinem Tod mache ich Platz für anderes Leben, und die Gaben der Natur, die ich nicht verbrauche, dienen ihm. So verstanden ist der Tod sinnvoll. Den Sinn des Lebens für sich herauszufinden gehört in jedes Menschenleben und verlangt immer wieder nach

Entscheidungen: Wofür engagiere ich mich? Wie kann ich mich von Erwartungen und Mustern lösen? Wie gehe ich mit ALS um? Was mache ich mit meiner Zeit?

Sinn kann ich nur in der Vernetzung mit allem Leben erfahren. In der theologischen Tradition bezeichnet Sünde die Vernachlässigung der Verbundenheit mit Anderen. Wenn ich meinen Bauchnabel zum Zentrum der Welt mache. Der Begriff Sünde wurde moralisch oft falsch verstanden und missbraucht. Man kann ihn vom altnordischen Verb sundr herleiten. Er bedeutet trennen, aufteilen oder (ab)sondern. Ein Sund ist eine Abgrenzung zweier Parzellen. Sünde meint, dass ich mich von mir, menschlichen und anderen Tieren, Landschaften, Kulturen oder auch von Gott als dem grossen Geheimnis entferne und entfremde. Das theologische Verständnis von Versöhnung bedeutet, sich als Teil des grossen Lebensnetzes zu sehen und entsprechend zu handeln.

Der jüdische Neurologe und Psychiater Viktor Frankl (1905–1997) schrieb im Zweiten Weltkrieg im Konzentrationslager über Sinn. Er schrieb zwar nicht von Sünde, aber Sinn erfahre ich nach ihm nur, wenn ich mich dem Leben öffne und annehme, was es mir bietet.

«Wir müssen lernen und die verzweifelten Menschen lehren, *dass es eigentlich nie und nimmer darauf ankommt, was wir vom Leben noch zu erwarten haben, vielmehr lediglich darauf: was das Leben von uns erwartet!* (...) ...dass wir uns selbst als die Befragten erleben, als diejenigen, an die das Leben täglich und stündlich Fragen stellt. (...) Leben heisst letztlich eben nichts anderes als: Verantwortung tragen für die rechte Beantwortung der Lebensfragen, für die Erfüllung der Aufgaben, die jedem einzelnen das Leben stellt, für die Erfüllung der Forderung der Stunde.» (Frankl 1997: 124 f.)

So versuche ich, meine unerwünschte Krankheit in mein Leben zu integrieren. Mir hat meine Krankheit die Chance geschenkt, mich mit meinem Sterben auseinanderzusetzen, mit vielen Menschen intensive Gespräche zu führen und Freundschaften zu vertiefen. Es hilft mir, einen spirituellen Weg zu betreten und mich im Mitgefühl gegenüber allen Leidenden zu üben. So fand und findet Sinn mich. Als ich vor vielen Jahren Vater wurde und von Beginn an oft für meine Tochter sorgte, erlebte ich darin einen tiefen Sinn. Ich war für das junge Leben mitverantwortlich und musste zu jeder Tages- und Nachtzeit da sein. Wir alle können an unseren Orten für Leben einstehen und dabei Sinn erfahren.

Sinn kann ich weder kaufen noch konsumieren. Ich muss mich dem Leben stellen und seinen vielen Gelegenheiten, etwas Eigenes und Sinnvolles zu realisieren: schreiben, in der Sonne sitzen, Webseiten gestalten, Freundschaften pflegen, Enkel hüten, einen Streich spielen, einen guten Job machen oder eine Klimademo organisieren. Ein friedfertiges und sinnvolles Leben führt über mich hinaus und zeigt mir, wie winzig und zugleich wichtig ich im komplexen Lebensnetz bin. Ich sehe mich als Teil des Lebensnetzes in seinen vielfältigen Verknüpfungen. Deshalb frage ich mich: Wie kann ich die vielfältigen Trennungen überwinden? Wie kann ich mich mit allem Leben verbunden fühlen? Wie kann ich fremdes Leiden wahrnehmen und zu lindern versuchen? Dieser Text ist mein Versuch, diese Fragen zu beantworten und darin Sinn zu finden.

Meine Vorbereitung aufs Sterben nimmt mir niemand ab. Eine solche Dienstleistung kann ich nicht kaufen. Diese Einsicht steht im Widerspruch zu unserer Wirtschaft und Technologie, die mir viele Erleichterungen anbietet. Reisen, Kochen, Kommunizieren, Spass haben oder Einkaufen werden mir einfach und günstig angepriesen. Sinn und Erfüllung inklusive: Paradies hier und heute! Aber, wie schwer wiegen die Erleichterungen? Hilft das Profitstreben der Unternehmen meinem Glück und meinen Sinnerfahrungen? Kann mich so Sinn finden? In den westlichen Ländern sind die Einkommen für eine Mehrheit so gross, dass man von einer Multioptionsgesellschaft spricht. Wir haben so viele Möglichkeiten wie kaum eine Gesellschaft zuvor – aber macht es uns zufrieden?

Wir sind, so paradox es klingt, trotz den vielen Entscheidungsmöglichkeiten abhängig von einer Wirtschaft, in der wir kaum mitbestimmen können. Ich schreibe ohne Wertung von unserer kapitalistischen Wirtschaft. Darin gibt es Stabilität nur mit einem stetigen Wachstum. Mit Wer-

bung werden Lebensstile und Glücksversprechen verbreitet und neue Bedürfnisse kreiert, um mich zum Kaufen zu animieren. Dabei werden meine Sehnsüchte nach Liebe, Sinn und Anerkennung angetippt. Stattdessen verstricke ich mich immer mehr in Abhängigkeiten. Die Ethnologin und Soziologin Veronika Bennholdt-Thomsen (*1944) spitzt es zu: «Die gegenwärtige kapitalistische Geld- und Warenwirtschaft hält uns wie in einer Zwangsjacke gefangen. Das stimmt zwar, dennoch werden wir den Weg ins Freie finden, wenn wir uns an der Subsistenz orientieren, davon bin ich überzeugt. Subsistenz heisst: über das Lebensnotwendige verfügen können.» (Bennholdt-Thomsen 2010: 9) In einer stark arbeitsteiligen Gesellschaft kann man natürlich nie vollständig über das Lebensnotwendige verfügen, aber zumindest sollten wir auf unsere materielle Versorgung, geistige Urteilskraft, sowie auf die körperliche und seelische Gesundheit Einfluss nehmen können. Das ist eine Kritik an unserer Konsumgesellschaft, wonach man immer mehr Bedürfnisse gegen Bezahlung befriedigen kann. Als Konsumentinnen und Konsumenten sind wir zunehmend den ökonomischen Gegebenheiten ausgeliefert. Es bleibt nur die Wahl zwischen Seife A oder B. Die Fähigkeiten des Selberdenkens, Selbermachens und Teilens sind für die Sinnerfahrungen und das Glück jedoch entscheidend.
Denn Äusserliches wie Leistung, Konsum, Ehre, Schönheit, Ruhm, Titel, Anerkennung, Geld oder Materielles können allenfalls für kurze Zeit Be-

friedigung schenken, sind aber fürs Glück wenig hilfreich. Marianne Gronemeyer doppelt nach: «Die Welt der käuflichen Fertigprodukte legt sich wie eine undurchdringliche Schicht von zäher Konsistenz über die Wirklichkeit, begräbt diese unter sich und schneidet den Menschen von unvermittelter Erfahrung ab. Die gebrauchsfertige Welt lässt sich eben nicht erfahren, sondern nur kaufen und konsumieren. Damit beraubt sich der Mensch der ‹Hauptquelle des menschlichen Glücks, die im eigenen Innern entspringt›.» (Gronemeyer 2012: 126 f.) Ein Brot aus Dinkelkörnern essen, das ich selbst gemahlen, geknetet und gebacken habe, schmeckt anders als ein gekauftes. Die Erfahrung, etwas selber zu machen und zustande zu bringen, macht glücklich. Es geht mir gut, wenn ich ein neues Gedicht geschrieben habe oder mir ein Satz gelingt. Oder wenn ich ein gutes Essen gekocht habe und mit meiner Familie esse.

Friedfertig werden

Beenden beginnen

Wo

Wo endet das Blatt
Wo meine Gedanken

Wo endet die Welle
Wo meine Haut

Wo endet die Erde
Wo die Liebe

Wo endet die Gewalt
Wo das Netz

Wo beginnt
Der Beginn

Ich hinke am Morgen steif ins Bad. Mein Körper ist defekt. Vieles werde ich wohl nie mehr tun können, und dieser Gedanke tut weh. Ich stieg auf Berge, ich liebe die kargen Landschaften in den Alpen zwischen 2500 und 3000 Meter über Meer. Die Soldanellen wachsen durch den letzten Schnee und blühen in leuchtendem Lila-violett – mein Bildschirmschoner mit diesen Alpenglöckchen ist ein kleiner Trost. Mich berührt die ungeheure Lebenskraft der kleinen und zarten Blumen. Wenn die Sonne Fels, Kies und Pflanzen wärmt, verbreiten sie einen betörenden Geruch. Dort war ich nahe bei mir.

Ich startete gerne und voller Energie Projekte. Ich war in einigen sozialen, ökonomischen und ökologischen Initiativen engagiert. Leider musste ich alles aufgeben. Mit der zunehmenden Schwäche entschied ich, meine Dozententätigkeit aufzugeben und aus Vereinsvorständen zurück zu treten. Dadurch fand ich zu einer neuen Freiheit. Mit meiner verbliebenen Energie arbeitete ich an meinem ersten Gedichtband. Ich muss mich nicht mehr an akademischen Vorgaben und Erwartungen von Vorgesetzten orientieren. Ich kann jederzeit auch diesen Text zur Seite legen und erst wieder daran arbeiten, wenn mir danach ist. Als Todgeweihter geniesse ich Narrenfreiheit. Beenden und Neuanfangen, Sterben und Gebären sind sich nahe. Im Sommer 2020 kam mein Enkel zur Welt, und mir wurde bewusst, wie wenig Kontrolle wir über das Sterben und über das Gebären haben. Beides ist unberechenbar und lässt sich nur beschränkt planen. Und es gibt weder Ausweg noch Ausweichen, man muss hindurch. Trotz allen medizinischen Möglichkeiten gibt es keine Garantie, ob eine Geburt gelingt. Und es gibt auch keine für ein langes Leben und ein gutes Sterben. Nur das Sterben ist garantiert.

Mein kleiner Enkel macht mir bewusst, wie sehr das Leben ein Wunder ist. Stark und zart, ungestüm und verletzlich. Vom ersten Tag an ist er ein einzigartiger Mensch. Staunend schaue ich ihm zu. Die Glasklunker am Kronleuchter ziehen ihn magisch an, das alte defekte Schaukelpferd studiert er genau. Als Grossvater habe ich nur kleine Erziehungspflichten und kann mich ungestört auf ihn einlassen. Er lässt mich spüren, wie sehr das Leben ein Geheimnis ist. Norin kriecht schneller als ich gehen kann. Ich kann ihn deshalb nur sitzend im Arm halten. Er entdeckt das Leben, tritt hinein in die Welt. Ich verlasse diese Welt. Für ihn hat die Erkundung des Lebens begonnen, für mich die Erkundung des Sterbens.

Etwas beenden ist immer ein Neuanfang unter anderen Vorzeichen. Die Philosophin Hannah Arendt (1906–1975) nennt Neuanfänge «Natalität» (Arendt 1958/1992: 15 f.). Im Schrecken Nazideutschlands machte ihr die Natalität, das Geborenwerden, Hoffnung. Denn auch Diktatoren und Kriegstreiber sterben, und es werden Menschen geboren, die die Welt neu einrichten. Sie sind frei, neue Wege zu gehen und die alten Fehler nicht zu wiederholen. Auch mit den grössten Einschränkungen kann ich mit etwas Neuem starten. Sei es nur, dass ich versuche, das Schöne und Gelingende in den Blick zu nehmen, dankbar zu sein oder die Soldanellen an meinem Lieblingsort im Geist zu besuchen.

Menschen werden auf unterschiedliche Arten gezwungen, loszulassen: Wenn wir scheitern oder erkranken, wenn wir die Arbeit verlieren, die Beziehung auseinandergeht, wir älter werden. Ich erachte es als sinnvoll, das Scheitern nicht als Versagen, sondern positiv zu betrachten. Als einen Unterbruch im normalen Alltag. Als Moment zum Nachdenken und Loslassen.

Marian Donner: «Die Schönheit liegt vor allem im Scheitern. In der Unvollkommenheit aller Versuche, aller Resultate. Gerade das macht den Menschen zum Menschen: scheitern. Tanzen, straucheln, fallen und anschliessend eine Ode schreiben. Möglichst stilvoll, wenn's geht.» (Donner 2020: 123) Wir sollten uns jedes Mal fragen, welche Chancen darin liegen. Was für uns wirklich wichtig ist. Wie wäre es, wenn wir auch den Zustand des Planeten als Aufforderung zum Loslassen verstehen würden? Zum Ablösen von schädlichen Lebensstilen und Haltungen. Warum nicht alle zusammen das Verbrennen von fossilen Energieträgern beenden? Natürlich, das Beenden fordert heraus, weil Macht und Privilegien beschnitten werden, und wir uns aus unserer Bequemlichkeit erheben müssen. Doch wir spüren alle die Dringlichkeit, etwas Neues zu wagen.

Lange war ich überzeugt, mit guten Informationen Veränderungen herbeiführen zu können. Ich organisierte Tagungen, leitete Podiumsgespräche und las viele Sachbücher. Das ist zwar wichtig, aber nicht genug. Wollen wir eine Gesellschaft ohne materiellen Wachstumszwang braucht es den Mut, Abschied vom Bekannten zu nehmen und uns auf Neues einzulassen. Was befähigt mich zu diesem Schritt? Das Vertrauen in die Menschen. Halte ich mich am Vertrauen und der Liebe, wage ich, eingespielte Strukturen und Selbstverständlichkeiten zu verlassen und mich auf unsicheres Neues einzulassen. Das zeigt mir meine jetzige Lebensphase ganz deutlich.

Pausen leben

Da

Ist dazwischen
Da
Oder zwischen

«Wer rastet, der rostet». Die Läden haben auf. Die Kassen klingeln, die Flieger fliegen und die Autos rollen. Onlineshopping morgens um drei Uhr, digitale Nachrichten rund um die Uhr. Arbeiten ohne Ende. Jederzeit bereit. Standby mit dem Smartphone. Ruhezeiten, wie sie Nächte und Sonntage einst gewährten, gibt es kaum noch. Die Rücksicht auf den Rhythmus der Natur, Wach- und Ruhephasen, stört die wirtschaftliche Verwertungsmaschinerie. Um bestehen zu können, schlucken viele abends Schlaf- und morgens Aufputschmittel. Anzeichen einer Grippe werden mit Medikamenten unterdrückt. Im vollen Terminkalender gibt es keinen Platz für drei Tage Fieber oder eine Woche Bettruhe nach der Gehirnerschütterung. Auch der Natur wird kaum eine Pause gegönnt. Im Gemüse- oder Obstgestell im Supermarkt ist keine Jahreszeit erkennbar. Legehennen werden im Winter so beleuchtet, dass sie meinen, es sei Sommer und fleissig Eier legen. Wartezeiten rentieren nicht.

Nebenan ist ein neues Schulhaus entstanden. Für die Gartenanlage wurden grosse ältere Bäume gesetzt. Zwei Föhren sind mehr als sechs Meter hoch. Das irritierte mich. Warum setzte man nicht junge Bäume und lässt ihnen Zeit zu wachsen? Warum muss alles vom ersten Tag an fertig sein wie das Schulhaus? Steckt dahinter nicht ein Bild einer statischen Natur, wonach sowohl Wachsen als auch Absterben unpassend sind? Und ragen die Triebe unordentlich in alle Richtungen, werden sie zurechtgestutzt. Absterben lassen geht noch weniger, ein toter Strauch muss unverzüglich ersetzt werden. Dabei könnten die Schülerinnen und Schüler mit Hilfe der Lehrpersonen von den Rhythmen der Natur auf dem Schulhof viel lernen. Alles hat seine Zeit und braucht seine Zeit, um zu ruhen und zu wachsen, abzusterben und zu keimen. Natur ist nie fertig, sondern immer dynamisch. Je nach Jahreszeit und Wetter gedeihen Bäume schneller oder langsamer. Auch ein toter Strauch ist ein wichtiger Lebensraum.

Mein Alltag war lange Zeit von To-do-Listen mit wenig Pausen bestimmt. Ich schätze es heute, nicht mehr ständig von Pendenzen durch den Tag getrieben zu werden. Nun weiss ich: Pausenlosigkeit und ständige Erreichbarkeit in meinem früheren Arbeitsleben entfernten mich von mir und von der Natur. Viele finden kaum Augenblicke von Ruhe und Nichtstun. Ich sehe immer wieder Menschen mit gesenktem Kopf durch die Strassen gehen, den Blick auf ihr Smartphone gerichtet. Sie schauen selten in die Bäume oder den Himmel über ihnen. Bei Norin ist das ganz anders, nicht nur weil er mit seinen 75 Zentimetern oft in die Höhe schauen muss. Er verfolgt Flugzeuge oder Vögel am Himmel. Aufschauen und über den Alltag hinaus den Horizont wahrzunehmen, tut gut. Zeitdruck verengt hingegen den Blick. Und Fragen zu mir und der Welt kommen seltener auf.

Knapp ist die Zeit nur, wenn ich mir zu viel vornehme und meine, jede Minute effizient nutzen zu müssen. Wenn ich die Bahn verpasse oder jemand den Termin mit mir vergisst, ist das ärgerlich, aber keine verlorene Zeit. Da kann es geschehen, dass ich die Zeit vergesse und plötzlich Dinge wahrnehme, für die meine Sinne vorher taub waren. Pausen dienen nicht nur der Erholung, um für den nächsten Sprint fit zu sein. Ohne Pausen können weder Natur noch Menschen gesund bleiben und friedfertig leben.

Alle religiöse Traditionen kennen einen Ruhetag – das ist kein Zufall. Er erinnert daran, dass wir Menschen auch andere Bedürfnisse haben als Effizienzsteigerung und Nutzenoptimierung. Pausen erlauben, Ziele und Zwecke, Leistungs- und Erfolgsdruck für eine gewisse Zeit beiseite zu lassen.

Ruhezeiten sind bedeutsam, um Fragen nach Sinn, Glück, Liebe oder Spiritualität Raum zu geben. Ich kann zu mir kommen, Stille erfahren, Sport treiben, Freundschaften pflegen oder Achtsamkeit üben. Im besten Fall kann ich für einige Momente leer werden und das Nachdenken sein lassen, was mir hilft, meine Sinne zu schärfen und die Fülle jenseits von Materiellem zu erfahren. In der Stille fühle ich mich mit der Welt verbunden. Auszeiten bewahren einen nicht nur vor einem Burn-out, sondern geben Raum für Fragen nach dem Wofür, Woher und Wohin.

In einer friedfertigen Gesellschaft haben Pausen und Musse einen wichtigen Platz. Das widerspricht dem verbreiteten Konzept einer profitorientierten Wirtschaft. Wir kommen aber nicht darum herum, uns den natürlichen Rhythmen der Natur anzupassen. Alle Versuche, diese zu überlisten, sind gewalttätig, nicht lebensdienlich. Die negativen Folgen werden immer deutlicher. Natürlich ist die Möglichkeit, Pausen zu machen, auch eine Frage des Wohlstandes. Wer in prekären Arbeitssituationen lebt, dem fehlt die Freiheit, ausgiebig Pausen zu machen, und Pausen dienen ihm oder ihr tatsächlich der Erholung für den nächsten Tag. Doch in einer friedfertigen Gesellschaft und Wirtschaft gibt es faire Arbeitsbedingungen und Löhne und einen Sozialstaat, der dafür sorgt, dass alle gut leben können. Ich befürworte das bedingungslose Grundeinkommen, das durch eine Mikrosteuer auf Finanztransaktionen finanziert wird. Das löst zwar die Grundprobleme der kapitalistischen Wachstumswirtschaft nicht, ist aber ein wichtiger Zwischenschritt.

Unser individueller Einfluss ist klein, aber nicht null. Wir haben immer verschiedene Möglichkeiten zum Handeln, auch wenn das allein die Welt nicht zu einem besseren Ort macht. Wir sehen zudem nur einen kleinen Ausschnitt der Wirklichkeit. Was heute als zukunftsweisend erscheint, ist es morgen vielleicht nicht mehr und entpuppt sich sogar als grosser Fehler. Trotzdem können wir uns Fragen stellen und entscheiden: Wie will ich leben, arbeiten, ruhen? Welchen Stellenwert haben Geld, Erfolg, Erfüllung und Freiheit? Wie und wo kann ich meine Kooperation mit zerstörerischen Institutionen verringern oder ganz beenden? Welche Werte sind mir wichtig? Wie kann ich lernen, mit einem einfacheren und genügsamen Leben zufrieden sein?

Für mich steht fest: Nur mit Ruhezeiten können Menschen mehr auf sich und die Natur achten. Es ist deshalb sinnvoll, materielle Bedürfnisse zu verkleinern, den Alltag zu verlangsamen und sich mehr im lokalen Umkreis zu bewegen. Ich bin sicher, dass wir ohne eine tiefgreifende Transformation hin zu einer friedfertigen Gesellschaft und Ökonomie keine Chancen haben, unseren Enkelinnen und Enkeln eine intakte Welt zu hinterlassen.

Bleibend reisen

21:27 Uhr

Zwei Tauben sassen
Am 12. Dezember
Um 21:26 Uhr
Während Menschen
Dick eingepackt
Zielstrebig
Zum Bahnsteig
Gingen
Eng umschlungen
Auf der
Bahnhofsuhr
Als der Zeiger
Auf 21:27 Uhr
Vorrückte
Und
Nachwippte

Meine Reisen sind kürzer geworden. Ich gehe kaum mehr zu Fuss. Mit dem Dreirad-E-Bike komme ich zum Gemüsemarkt oder zur Buchhandlung. Bus und Bahn sind zu mühsam. Ab und zu lasse ich mich mit dem Auto irgendwo hinfahren. Mit dem Rollstuhl ein Museum besuchen ist ein Genuss, falls mich jemand schiebt. Es sind grosse Einschränkungen. Der Drang, alles sehen und erleben zu müssen, ist kleiner geworden. Viele Organisationen schicken mir Informationen zu Landwirtschaft, Klima, Armut, Menschenrechten oder Naturzerstörung zu. Über

Jahre habe ich das verfolgt und mich für die Sensibilisierung dieser Themen stark gemacht. Die Dringlichkeit ist geblieben, nur bin ich heute müde. Ich mag das Hüpfen von einem zum nächsten Thema nicht mehr. Ich reduziere meine Aufmerksamkeit auf ein paar wenige Aufgaben wie zum Beispiel, diesen Text zu schreiben. Ich sitze am Tisch, überlege und formuliere. Ich bin mit mir beschäftigt, horche in mich hinein, schreibe, zweifle, verwerfe und schreibe neu. So kann ich nahe bei mir sein und mich zugleich mit der Welt verbinden.

«Wer die Welt verstehen will, soll einen Garten anlegen» lautet eine alte Weisheit. Der amerikanische Dichter, Umweltaktivist und Gärtner Llewellyn Vaughan-Lee (*1953) formulierte es so:

«Und die Welt lässt sich nicht entdecken, indem man meilenweit reist, wie weit auch immer, sondern nur durch eine spirituelle Reise, eine Reise von einer Handbreite, sehr mühselig, demütigend und voller Freude, bei der wir am Boden ankommen, bei unseren eigenen Füssen und lernen, zu Hause zu sein.» (Vaughan-Lee 2018: 43)

Menschen waren seit jeher Wandernde, Jahrtausende lang bewegten wir uns vornehmlich zu Fuss. Irgendwann dann fast nur noch in Autos, Bussen, Zügen und Flugzeugen. Das Tempo nahm zu und damit verloren wir immer mehr den Blick für die Umgebung, in der wir uns gerade befanden. Menschen werden immer reisen. Aber in die Welt ziehen soll helfen, anderen

Menschen, Tieren, Kulturen oder Landschaften zu begegnen und dabei uns selber zu entdecken.

Heute gibt es oft eine paradoxe Situation: Das Exotische liebt man in der Fremde, aber das vor der Haustür kennt man nicht. Wir kennen die Kathedralen von Paris, die Kirchen in Zürich sind uns unbekannt. Wir waren im Grand Canyon, aber nicht am Creux du Van in der französischen Schweiz.

Warum nicht öfters langsam reisen, zu Fuss, mit dem Fahrrad oder der Bahn? Warum nicht länger am fremden Ort sein, die Sprache lernen und Freundschaften pflegen? Oder sogar einer Arbeit nachgehen? Warum nicht das Reisen mit dem Zuhausesein verbinden? Und zum Beispiel mehr virtuell Reisen mit Büchern, Videocalls oder Filmen?

Kürzere Distanzen und eine längere Aufenthaltsdauer verstehe ich als ein Leben vor Ort mit einem weltbezogenen Geist. Für Friedfertigkeit scheint mir eine Sesshaftigkeit mit einer solidarischen Verbundenheit mit allem Leben wichtig. Meine 70 Kilogramm Körper mit 2000 Kilogramm Auto oder noch mehr durch die Welt zu transportieren ist blödsinnig. Leben mit kleinem Radius verringert den Naturverbrauch und hilft mir, das Schöne in der Nähe zu sehen. Es öffnet mir den Zugang zur Meditation, Spiritualität und vielen guten Gesprächen. In der Meditation setze ich mich in Gedanken zu meiner dementen und betagten Mutter und streichle ihre Hand.

Langsam genügt

Rot

Die Zeit reicht nicht
Um bei Grün über
Die Strasse zu gehen
Mein Leben ist langsam
Wo käme ich schneller hin
Möchte ich da sein
Wo ich hinkäme

Diese Erfahrung steht hinter dem Gedicht «Rot». Auch im Haus muss ich jeden Schritt und jede Handbewegung bewusst vollziehen und mich mit den Händen an Mauern oder Türpfosten stützen. Ich bin zu Geduld und Konzentration gezwungen. Das hat auch eine gute Seite: Manchmal nehme ich dadurch Unscheinbares wahr, und das hat auf eigentümliche Art seinen Reiz. Auf dem Balkon hocken ein paar Wanzen. Manchmal bewegen sie sich tagelang nicht, dann wieder trippeln sie langsam über den Handlauf. Nie scheinen sie in Eile zu sein. Erst jetzt wurde mir zum ersten Mal bewusst, dass im Frühling Bäume und Sträucher im Wald fast alle weiss oder grün blühen. In meinem früheren, eiligeren Leben ist mir das nicht aufgefallen.

Wie schnell ist unsere Welt! Wir steigern permanent die Effizienz, versuchen immer mehr Zeit zu sparen und haben faktisch doch immer weniger. Geschwindigkeit ist oft gewalttätig. Strassen oder Bahntrassees zerschneiden die Landschaft und benötigen Fläche. Fahrzeuge sind für Menschen und Tiere lebensgefährlich und besetzen dominant den öffentlichen Raum. Das Langsame hat sich nach Marianne Gronemeyer anzupassen: «Dass alles, was dauert, zu lange dauert, ist eine verbreitete Sorge. Dass Fortbewegung besser schnell als langsam vonstattengehen soll, ist kaum strittig; dass das Schnelle dem Langsamen überlegen ist, keine Frage. Jede Beschleunigung – ein Sieg über die träge Natur; jede Bezwingung von Dauer – ein Triumph der Technik. Was im Dienst der Geschwindigkeit steht, muss sich nicht gross rechtfertigen, es sei denn, es behindere andere Geschwindigkeit.» (Gronemeyer 2012: 4)

Trotz Beschleunigung klagen viele Menschen über fehlende Zeit, denn Geschwindigkeit ist oft ein Nullsummenspiel. Für den Arbeitsweg wird in der Schweiz seit 100 Jahren durchschnittlich eine Stunde benötigt. Die Beschleunigung und neue Verkehrsmittel haben einzig dazu geführt, dass die Strecken länger wurden. Kein Zeitgewinn, aber mehr Energieverbrauch, Lärm und Stress, Bodenversiegelung und Kulturlandzerstörung. Zeit zu verlieren muss mit allen Mitteln verhindert werden. Deshalb sendet das Radio in der Schweiz alle 30 Minuten eine Verkehrsmeldung. Natürlich gibt es Angenehmeres als im Stau zu stehen. Aber warum berichtet das öffentlich-rechtliche Radio nicht auch über den Regenbogen über Wallisellen? Oder leitet eine Atemübung an? Regt zum Staunen über die Pflanzen an, die aus dem Strassenbelag wachsen? Oder meldet, dass die ersten Alpensegler aus Afrika eingeflogen sind? Wie wäre eine Meldung, dass auf den Fahrradwegen momentan schweizweit kein Stau zu vermelden ist?

Der Weg ist zu einem lästigen Dazwischen geworden. Die Strassen sind laute, tote und gefährliche Orte. Kinder erhalten eine harte Verkehrserziehung und müssen sich dem Auto anpassen, nicht die Autos den Kindern. Staunend frage ich mich: Was soll das? Warum muss es immer schneller gehen? Nochmals Marianne Gronemeyer: «Es gibt Formen der Hinwendung zum anderen Menschen, zur Welt und zu sich selbst, die ihrem innersten Wesen nach zur Beschleunigung untauglich sind. Das Denken gehört dazu, das Empfinden, die Besinnung, die Betrachtung, die Befreundung und Befremdung, die Erfahrung, das Vertrauen, das Mitgefühl, auch der Hass und die Trauer.» (Gronemeyer 2012: 136) Freundschaften und Liebesbeziehungen sind immun gegen Beschleunigung und Geschwindigkeit. Sie brauchen Zeit und Stille, Zuhören, Reden und Schweigen. Das ist nur jenseits von Tempo möglich.

Auch die digitale Welt hält uns immer stärker auf Trab. Telefonieren an jedem Ort ist schon lange selbstverständlich. Jederzeit kann ich auch im Internet surfen, online Nachrichten lesen, Bilder verschicken und Filme schauen. Die Leistungen der Rechner werden immer grösser und erfassen immer präziser unsere freiwillig preisgegebenen Daten und damit uns. Die Algorithmen wissen schon vor mir über meine Bedürfnisse Bescheid und decken mich mit personalisierter Werbung ein. Eine technische Welt beeinflusst mein Befinden. Sie erzieht mich dazu, immer erreichbar zu sein, schnell zu antworten und mich auf ihre Impulse einzulassen. Es soll junge Menschen geben, die ihr Gesicht einer schönheitschirurgischen Operation unterziehen, weil alle anderen auf den Fotos viel besser aussehen. Sogar das Wissen, dass diese Gesichter mit Photoshop gereinigt und geglättet wurden, hält sie nicht davon ab. Auch ich beschäftige mich mit meinem Körper. Es ist in meiner Situation nicht immer einfach, ihn und mich zu lieben. Doch erkenne ich, dass ich mehr bin als mein Körper. Von Norin lerne ich, dass gutes Aussehen, Effizienz und Tempo nichts bedeuten. Er nimmt sich einfach die Zeit, die er braucht, um die Treppe hochzukommen. Ich nehme mir Zeit für ihn, für Gespräche oder ich staune über das tiefe Graublau des Abendhimmels. Achtsam kann ich nur langsam sein.

Wachsen und Vergehen

Flügelfrüchte

Neues Jahr
Sie fliegen wieder
Die Samaras
Ziellos mutig
Trotz kleinen
Erfolgsaussichten

Wie Träume
Wanken sie im Wind
Drehen, kurven
Auf und ab
Spielen Roulette
Fliegen um sich zu erden

Samaras
Einsamige Flügelnüsse
Des Ahorns
Drehen lustig
Im düstern Januar
Hoffen auf gute Erde

Mein Mangel an Energie zwingt mich, mich am Kleiner-Langsamer-Weniger auszurichten. Ich lebe immer noch und oft nicht schlecht. Mein Welthunger ist kleiner geworden, ich reise langsam und ich konsumiere weniger. Freundschaften und intensive Gespräche sind wichtiger geworden. Aber braucht es eine bedrohliche

Krankheit, um den Fokus neu auszurichten? Ich glaube nicht. Die Liebe gegenüber dem Enkel sollte reichen. Die Liebe zum Leben auch.

Grenzenloses materielles Wachstum auf einem endlichen Planeten gleicht einem Krebsgeschwür. Es ist eine schwere tödliche Krankheit. In der Natur ist Werden und Vergehen, Gebären und Sterben in einem dynamischen Gleichgewicht. Jedes Lebewesen stirbt irgendwann. In der Ökonomie existieren aber kaum Konzepte eines solchen Ausgleichs. Es gibt zwar auch Sterben, wie beim Bankencrash 2008. Das Vergehen ist aber im System nicht eingeplant. Im Gegenteil: Es löst immer schwere Krisen aus. Unternehmen gingen Konkurs, Menschen verloren ihre Arbeit und ihre Altersvorsorge. Zugleich geht die Schere zwischen den Vermögen immer weiter auf. Viele Reiche werden immer reicher.

Alle Ideen, Wachstum vom Naturverbrauch zu entkoppeln, sind bis anhin gescheitert. Alle Green New Deals oder Green Growth sind gutgemeinte Ansätze, werden aber kaum zur Lösung beitragen, denn sie stellen den tief in uns verankerten Wachstumsdrang und Steigerungszwang nicht in Frage. Wir können uns ein Kleiner-Langsamer-Weniger nur schwer vorstellen und noch weniger realisieren. Solange wir das Prinzip Grösser-Schneller-Mehr als normal betrachten, werden Technologien und ökonomische Konzepte diesen Zielen dienen. Das Umgekehrte gilt auch: Die ökonomischen Systemzwänge lassen eine Schrumpfung nicht zu. Auch Technologien sind Wachstumstreiber, etwa Selbst-Scanning-Kassen in den Supermärkten oder das Online-Shopping. Die Arbeit wird clever den Kaufenden übertragen, Wege verkürzt und Arbeitskräfte durch pflegeleichtere und billigere Maschinen ersetzt. Nur dank Technologien ist es überhaupt möglich, an Weihnachten Erdbeeren anzubieten. Niemand hat die Supermärkte gebeten, am kürzesten Tag im Jahr Erdbeeren zu verkaufen. Das Angebot ausweiten und mit grossem Energieaufwand Gemüse und Obst anbieten, ist eine der vielen Wachstumsstrategien: Man kreiert neue Bedürfnisse, um die Verkaufszahlen anzukurbeln. Weit weniger harmlos sind Kriege, die wachstums- und profitgetrieben sind und heute wahrscheinlich den lukrativsten Wirtschaftszweig darstellen. Wollen wir apokalyptische Kriege verunmöglichen, dürfen keine Massenvernichtungswaffen mehr produziert werden. Marc Chesney: «Die grossen Finanzinstitute, unter anderem aus der Schweiz, die in die Produktion von Massenvernichtungswaffen investieren, müssen sofort identifiziert und ihre kriminellen Aktivitäten unterbunden werden.» (Chesney 2022: 2)

Die meisten Unternehmen kollabieren ohne Wachstum, weshalb sie auf Rationalisierung, Standardisierung und Technisierung setzen, um konkurrenzfähig zu bleiben. Zum Beispiel das Privatauto: Wegen dem Druck, den CO_2-Ausstoss zu reduzieren, bieten Konzerne Elektroautos an. Auf den ersten Blick scheint das sinnvoll. Bei genauerer Analyse entstehen jedoch viele Fragen: Wie sozial und ökologisch verträglich ist die Produktion von Batterien? Woher kommt der Strom? Verträgt es in Zukunft überhaupt noch schwere, grosse Autos? Elektroautos werden als nachhaltige Alternativen zum Benziner angepriesen. Batterien sind jedoch hochproblematisch. In den Abbaugebieten für die Bestandteile der Energiespeicher wird die Natur stark geschädigt, was auch für die Menschen eine grosse Belastung ist. Auch E-Autos brauchen Strassen und besetzen den öffentlichen Raum. Sie sind nicht klimaneutral, wenn man die Energie und Rohstoffe für den Auto- und Strassenbau miteinbezieht. Dass sie bei der Klimabelastung um einige Prozentpunkte besser sind als Autos mit Verbrennungsmotoren, macht sie noch lange nicht friedfertig.

Wollen wir die Klimakrise abwenden, müssen wir nicht nur unseren Lebensstil anpassen. Manche Produkte dürfen schlichtweg nicht mehr hergestellt werden. Doch kein Unternehmen, zum Beispiel Volkswagen, stellt freiwillig die Produktion ein. Keine Politikerin wagt, Gesetze so zu verändern, dass VW oder andere Konzerne schrumpfen müssen. Unser Wirtschaftssystem lässt eine solche Sichtweise gar nicht zu, denn es hängen Arbeitsplätze, Altersvorsorge, Steuereinnahmen und vieles mehr davon ab. Auch der Sozialstaat und die Demokratie funktionieren dank einem funktionierenden Wirtschaftssystem. Wer den Ausweg ausschliesslich im bewussten Konsum und genügsamen Lebensstil sieht, verkennt die unglaublichen Systemzwänge. Auch hinter dem profitorientierten Kapitalismus stehen jedoch Menschen und keine unverrückbaren Strukturen. Einflussreiche Eliten sind in der Regel nicht bereit, Macht und Privilegien abzugeben. Auf sie zu warten ist zwecklos. Es gibt viele Möglichkeiten, den Eliten Macht zu entziehen und selber anzupacken.

Die Wachstumsstrategie hat auch die Raumplanung geprägt: Die Lebensbereiche Wohnen, Arbeiten, Konsum und Freizeit auseinanderzureissen war nur möglich durch eine Steigerung des Individualverkehrs und dank billigen Treibstoffen. Wege wurden verlängert, ohne die Lebensqualität zu verbessern. Es braucht Konzepte wie etwa das vom Verein Neustartschweiz, in dem ich zehn Jahre im Vorstand war. Wir schlagen vor, diese Bereiche wieder zusammenzubringen und die Lebensqualität zu verbessern. Es geht um Teilen statt Besitzen. Das Wohnen ist der Spekulation entzogen, indem es genossenschaftlich organisiert ist. Solidarische Landwirtschaft wird als Alternative zur Agrar- und Lebensmittelindustrie sowie zu den Supermarktketten gefördert. Der Autor und Philologe Hans E. Widmer (*1947) fasst die Ideen des Vereins so zusammen: «Unsere alte, extrem konsum- und familienzentrierte Vorstellung des Wohnens und Haushaltens muss an ökologische Rahmenbedingungen angepasst werden. Kleinhaushalte sind wegen ihres Flächenbedarfs und wegen strukturellen Verschwendungen wie Food Waste nicht geeignet diese einzuhalten: Die imperiale Lebensweise ist ökologisch untragbar.» (Widmer 2022: 52) Im vorgeschlagenen Modell stehen Nachbarschaften zum Leben und Arbeiten im Zentrum. Und das Essen kommt direkt vom Bauernhof, an dem man beteiligt ist oder sogar ab und zu mithilft. Ähnliche Ziele verfolgt das Ecoloc Institut für Lokale Ökonomie, das ich mitbegründet habe. Durch wirtschaftliche Vielfalt und Massnahmen, um den Kapitalabfluss etwa durch Hypothekarzinsen oder durch Onlineshopping zu bremsen, werden die lokalen Tätigkeiten gestärkt. Sie verringern die Abhängigkeit von unbeeinflussbaren Faktoren, wie globale Märkte oder Steuereinnahmen von Reichen. Das Ziel ist nicht der Verzicht, sondern die Stärkung der lokalen und regionalen Kooperationen, wodurch der Druck des internationalen Marktes reduziert und mehr Selbstbestimmung und Lebensqualität möglich werden.

Das gängige technokratische und ökonomistische Nachhaltigkeitsmanagement verkündet, grün einkaufen und grün investieren genüge. Verzichten, den Lebensstil ändern oder die Wirtschaftsstrukturen umbauen, wird gar nicht erst in Erwägung gezogen. Daran kann ich nicht glauben. Der Weg hin zu einer fossilfreien Schweiz bis 2040 oder 2050 geht nicht ohne massive Veränderungen. Die Transformation schaffen wir nur mit Risikofreude und dem Mut, radikal neue Wege zu gehen. Bisher waren Bedürfnisse unverhandelbar. Brauchen wir mehr

Energie, etwa für E-Autos, muss sie produziert werden. Wenn Solarenergie nicht reicht, dann muss sie halt doch leider mit Kernkraft, Gas oder Kohle bereitgestellt werden. Bedürfnisse sind aber nicht heilig. Wir müssen fragen lernen, was wir mit den vorhandenen Gaben der Natur und den klimaverträglichen Energien machen wollen. Sie sind begrenzt, und wir sollten aushandeln, wer wieviel davon nutzen darf. Der Fachbegriff dafür ist Suffizienz. Wie man in einem Hitzesommer das Füllen von privaten Swimmingpools verbietet, könnte man auch bei Strommangel das Batterienladen von E-Autos mit mehr als zwei Tonnen Gewicht unterbinden. Die Bedürfnisse können nicht einfach weiter grenzenlos befriedigt werden, sie müssen sich den begrenzten Angeboten anpassen. Dazu ist auch eine spirituelle Neuausrichtung mit einem anderen Menschen- und Weltbild hilfreich. Sie kann nicht verordnet werden, doch viele Menschen sind bereits auf dem Weg, weil sie spüren, dass sich etwas grundlegend ändern muss. Für viele Menschen ist das Kleiner-Langsamer-Weniger kein Verzicht, sondern eine Befreiung. Mein Sterben regt mich an, Werden und Vergehen als gleichwertig zu akzeptieren und von der zerstörerischen Gier Abschied zu nehmen.

Ich bin als Mensch gefragt

Man

Ich – will mehr vom Leben
Man – sollte weniger fliegen
Ich – will billig
Man – sollte nachhaltig
Ich – will eine grössere Wohnung
Man – sollte das Kulturland schützen
Ich – will ein sicheres Auto
Man – sollte CO_2 verringern
Man ist zum Glück nie ich

Mein Sterben kann ich nicht delegieren. Ich sterbe allein und habe keine Ahnung, wie das geht. Ich weiss nicht, welche Ängste, Schmerzen oder Wutausbrüche auf mich zukommen. Ein unheimliches Abenteuer. Auch wenn ich stürze, muss ich mit der Erniedrigung alleine klarkommen – umso mehr, wenn ich es nur mit Hilfe wieder auf die Beine schaffe. Mein Leiden und meinen anstrengenden Alltag kann ich niemandem übergeben.

Wirtschaft und Gesellschaft bürden das Mühselige oft anderen auf. Gewinne werden privatisiert, die Kosten dem Staat überlassen. Oder Menschen in prekärer Lage. Oder zukünftigen Generationen. Mit billiger Atomenergie wurde in den letzten 50 Jahren unsere Wäsche gewaschen. Für die sichere Entsorgung des strahlenden Mülls müssen Menschen in den nächsten 50 Jahren oder noch viel länger aufkommen. Ähnlich ist es bei der Verwendung von Gaben der Natur, aus denen Kleider, Smartphones oder Elektroautos hergestellt werden. Menschen werden ihretwegen noch lange mit zerstörten Böden vom Baumwollanbau, den Naturschäden der Minen und mit Abfallhalden aus Elektroschrott konfrontiert sein – und mit vielem mehr. Den massiven Verlust der Biodiversität, vergiftete Gewässer und eine Verschärfung der Klimakrise müssen mein Enkel und seine Generation ausbaden.

Eine Alternative zur herkömmlichen, profitorientierten Wirtschaft bildet die Kreislaufwirtschaft. In ihr entstehen Produkte ohne belastenden Müll und mit geringem Material- und Energieaufwand. Langlebigkeit, Reparaturfähigkeit und gutes Design sind Pflicht. Solange jedoch die negativen Folgen von Wirtschaft von den Unternehmen ausgelagert werden können, fehlen Anreize, soziale und ökologischen Missstände zu verhindern. Auslagerung von Schäden nennt man Externalisierung, Kostenwahrheit die Antwort. Müsste man die wahren Kosten in den Preis einrechnen, wären Billigkaffeemaschinen, Spargeln an Weihnachten oder der Wochenendtrip nach New York um ein Vielfaches teurer. Kostenwahrheit reicht jedoch nicht aus, um das Übel bei der Wurzel zu packen. Die bereits erfolgte Klimaerwärmung, die zerstörte Natur und die geschädigte Gesundheit von Menschen sind mit Geld allein nicht wieder gut zu machen.

Hinter dieser Externalisierung steckt die alte, tief verankerte, imperiale Kultur der Trennung zwischen dem Menschen und der Natur. Dagegen ist schwer anzukommen, denn Ausbeutung und Auslagerung geniessen eine grosse Selbstverständlichkeit. Um das zu ändern, muss ich selbst Verantwortung übernehmen, unter anderem indem ich mich politisch einsetze. Das entspricht meinem Verständnis von Friedfertigkeit. Die Kultur der Abspaltung erachtet die kurzfristige Optimierung des eigenen Nutzens als naturgegeben, die Folgen gedankenlos anderen aufzubürden ist eine logische Folge. Der Physiker Hans-Peter Dürr (1929–2014) beschreibt einen solchen Menschen als «Schrumpfgestalt» (Dürr 2002: 31), weil er nur einen kleinen Teil seiner Möglichkeiten lebt. Die Fähigkeiten zu Empathie und Kooperation, Verantwortung und Selbstbegrenzung zu vernachlässigen kann man als eine Selbstentwürdigung beschreiben. Mit dem Entwickeln und Ernstnehmen der eigenen Potenziale sind natürlich nicht alle Herausforderungen gelöst. Es braucht weiterhin intensiven Austausch und im besten Fall praktische Versuchslabore. Warum zum Beispiel nicht in der Schweiz die ganze Landwirtschaft auf Bio umstellen und mit Forschung begleiten?

Jeder Mensch verfügt über Fähigkeiten und Talente, und das ermutigt mich, dass wir die Herausforderungen meistern werden. Das Konzept der Friedfertigkeit akzeptiert Differenzen und baut gleichzeitig die Distanz zwischen den Menschen und zwischen menschlichen und nichtmenschlichen Lebewesen ab. Es nimmt auf alles Leben, alle Naturgaben, aber auch Landschaften oder Kulturgüter Rücksicht. Es zielt darauf ab, möglichst wenig Leiden zu verursachen, denn fremdes Leid ist immer ein Leid, das ich mir selbst zufüge. Jede Verletzung der Würde kommt einer Selbstentwürdigung gleich.

Die Eltern von Norin respektieren seine Würde und zeigen ihm, wie man die Würde der Natur achtet. Er weiss noch nichts von diesem Begriff. Er lebt noch ohne Konzepte und Theorien, braucht sie nicht, denn er ist dem Paradies noch nahe. Natürlich lebt er noch in einer Art Hotel. Für ihn wird geputzt, gekocht und werden die Kleider gewaschen. Für die Körperpflege und seine Sicherheit schauen die Eltern. Trotzdem kann auch er nicht alles auslagern. Er muss gehen und sprechen lernen, mit Schmerzen, Misslingen oder mit dem Nein der Mutter klarkommen. Das nimmt ihm niemand ab.

Macht und Verantwortung

Gelassen

Gelassen kann ich lassen
Gelassen muss ich fassen
Allen Mut ramassen
Mobilisieren die Massen
Gewalt zuerst schassen
Vertrauen zu lassen
Alles loslassen
Gelassen

Ganz Mensch zu sein, heisst Verantwortung zu übernehmen, und zuweilen Macht abzugeben und loszulassen. Wenn ich die Folgen meines Tuns nicht selber zu tragen habe, müsste ich konsequenterweise die Entscheidungsgewalt übergeben.

«Nichtspieler sollen schweigen». Das hat mal ein Fussballer über seine Kritiker gesagt. Vom Rand des Fussballfeldes aus ist es einfach, einem Spieler gute Ratschläge zu erteilen. Der Kritiker muss nichts beweisen, und hat ausser dem Ärger des Spielers, nichts zu befürchten. Als Kranker bin ich oft auf Hilfe angewiesen. Ich übe mich darin, die Helferinnen und Helfer nicht mit meinen Vorstellungen zu belästigen. Wer für mich einkauft, für mich putzt, die Kleider wäscht oder mich mit dem Auto chauffiert, den darf ich nicht mit Ratschlägen oder gar Zurechtweisungen eindecken.

In Politik und Wirtschaft entscheiden meistens Menschen, welche die Folgen nicht zu tragen haben. Wer von den katastrophalen Auswirkungen unserer Wirtschaft am stärksten betroffen ist, hat kein Mitspracherecht. In der Klimapolitik entscheiden mehrheitlich über 50-jährige über die Zukunft des Planeten. Sie werden kaum an den negativen Folgen leiden. Denn erstens sind sie in der Regel finanziell gut abgesichert und zweitens haben sie mehr als die Hälfte des Lebens hinter sich und werden von Katastrophen im Jahr 2050 oder 2060 nicht mehr betroffen sein. «Nichtspieler sollen schweigen» bedeutet, dass die Entscheidungsgewalt bei den Betroffenen liegen müsste. Sie sollten die Regeln aufstellen und definieren, was sie unter einem friedfertigen Leben und Wirtschaften verstehen. So müssen auch bei allen langfristigen Herausforderungen wie dem Klimanotstand, dem Verlust der Artenvielfalt oder der Meeresverschmutzung zwingend junge Menschen die Mehrheit der Stimmen bekommen. Kriege würden wohl nicht stattfinden, wenn die Befehlshaber selber an die Front müssten. Sie bleiben irgendwo im Geheimen in Sicherheit. Für Unternehmen bedeutet das mehr Partizipation und flache Hierarchien, im besten Fall eine genossenschaftliche Unternehmensverfassung ohne Wachstumszwang.

Die Schweiz pflegt eine lange Tradition von Genossenschaften. Schon früh schlossen sich Menschen zum Betreiben einer Alp, einer Käserei oder eines Detailhandels zusammen und bestimmten gemeinsam über Strategien. In solchen Organisationsformen werden Gewinne unter allen aufgeteilt, ein Zwang zum Wachsen besteht nicht. Genossenschaften sind jenseits von Staat und Privatwirtschaft. Staatliche Organisationen sind oft wenig flexibel und die Mitbestimmung ist gering. Private Unternehmen sind in der Regel gewinnorientiert, was für Mitbestimmung und das Verfolgen sozialer und ökologischer Ziele selten förderlich ist. Die Alfred-Nobel-Gedächtnispreisträgerin für Wirtschaftswissenschaften, Elinor Ostrom (1933–2012), hat eindrücklich nachgewiesen, dass Genossenschaften Gemeingüter besser schützen. So betreiben sie zum Beispiel eine Alp unter klarer Beachtung der Nutzungsgrenzen und mit strikten Regeln. Gemeinsam wird etwa die Anzahl der Tiere bestimmt, die Arbeiten unter den Genossenschaftlerinnen und Genossenschaftlern verteilt und Missbrauch sanktioniert. Das funktioniert seit langem bestens ohne Machtkonzentration und Übernutzungen.

Die sogenannte «Tragik der Allmende» (Garrett Hardin 1915–2003), wonach die egoistische Nutzenoptimierung zwangsläufig zur Übernutzung führt, ist längst widerlegt. Genossenschaftliche Organisationen helfen, Gier zu zähmen und Grenzen einzuhalten. Zu den Gemeingütern gehören bei Weitem nicht nur die Gaben der Natur. Unter den neudeutschen Begriff Commons fallen Boden, Wasser oder Saatgut ebenso wie digitale Errungenschaften. Wikipedia oder das Betriebssystem Linux sind Beispiele für moderne Commons: Alle haben Zugang und können mitbestimmen, solange sie die Regeln einhalten. Ich sehe in den vielfältigen Formen der Commons ein grosses Potenzial, um die systemische und individuelle Gier zu begrenzen. Hans E. Widmer spitzt die Aussage zu: «Insgesamt steht der Commonswelt die Macht der globalen Konzerne entgegen – eine frontale Konfrontation (die auch nur rhetorisch wäre) nützt da wenig. Vielversprechender ist eine allmähliche Demontage auf allen Ebenen, Druck von oben, Auflösung von unten. Wir sind die kleinen Säugetiere, die die Dinosaurier überleben.» (Widmer 2022: 21)

Leben braucht Lyrik

Poesie

Poesie braucht Dreck
Keine Keimfreiheit

Poesie braucht Sand
Kein Schmieröl

Poesie braucht Gestank
Kein Eau-de-Cologne

Poesie braucht Sterben
Keine Ewigkeit

Bei Sterben und Tod versagt die Sprache. Ich bin mit dem Nichts konfrontiert, kann es gefühlsmässig nicht einordnen und finde nur schwer Worte dafür. Lyrik ist ein Versuch, mit Worten auszudrücken, was sprachlos macht. Manchmal drückt ein Gedicht präziser als Prosa aus, wie ich mich fühle und was mir Halt gibt. «Poesie ist die Sprache des Inneren oder der Seele» schreibt Minna Salami (Salami 2021: 33). Poesie ist offen und lässt dem Leser die Freiheit, die Worte mit dem eigenen Leben zu verbinden. Poesie braucht Dreck, Sand, Gestank und Sterben: Sie lebt vom Aufwühlenden und Irritierenden, aber auch vom Beglückenden.

Wer ein Gedicht verfasst oder liest, lässt sich auf die Welt und sich selber ein und macht sich durchlässig für Eindrücke, Botschaften oder

Stimmungen. Das kann die Haltung gegenüber der Welt verändern. Gedichte beschreiben, ohne etwas vorzuschreiben. Sie arbeiten mit Bildern oder mit Gefühlen zwischen Betroffenheit und Absurdität. Sie können problemlos Getrenntes miteinander verbinden und so neue Welten schaffen. Das Lesen eines Gedichts kann mir zeigen, dass die sogenannte Wirklichkeit immer konstruiert ist. Je nach meiner Rolle sehe ich etwas anderes in einem Baum. Will ich die Fichte in ihrer Ganzheit und Würde erfassen, helfen mir Stammumfang, Baumlänge oder Kubikmeterberechnungen wenig. Der lateinische Name und die botanische Klassifizierung sind auch nicht dienlich. Erfasse ich sie hingegen in einem Gedicht, hilft mir das, über meine Denk- und Sehmuster hinauszutreten, neu auf die Fichte zu blicken und sie umfassender wahrzunehmen. Indem ich die Freude der Fichte über den Besuch einer Amsel formuliere, verlasse ich die rein funktionalen Beschreibungen. Das mag Vermenschlichung sein, aber ich möchte die Interessen der Fichte unabhängig von uns Menschen ins Zentrum rücken. Ich werde die Fichte nie vollständig in ihrem Wesen erfassen können. Aber Lyrik kann helfen, sich einer Fichte mit allen ihren Geheimnissen anzunähern.

Während 20 Jahren war ich mit Leidenschaft Ethiker. Da Ethik mit vernünftigen Argumenten arbeitet, kann sie nur einen kleinen Teil der Wirklichkeit umkreisen. Ich machte oft die bittere Erfahrung, dass bestens begründete Argumente und Zahlen wenig bewirkten, denn sie berührten mich und andere innerlich nicht. In der Lyrik habe ich ein Mittel gefunden, mit meiner Freude an der Sprache die bezaubernden Seiten des Lebens zu entdecken, mich für sie zu öffnen. Meine Wut und Irritation über unsere geistlose und gewalttätige Welt verliert an Energie. Das ist keine Absage an eine vernünftige Argumentation, aber Lyrik spricht mein Inneres direkter an. Sie kann mich vom Glauben an eine vermeintliche Eindeutigkeit befreien. Lyrik ist ein Weg zu einem anderen Blick, der eine Türe zum Staunen und zur Liebe öffnet und den Grundstein für Achtsamkeit und Friedfertigkeit legt. Die Naturwissenschaftlerin Rachel Carson hat für ihr bahnbrechendes Werk den poetischen Titel gewählt: «Der stumme Frühling». Es geht im Text zwar nicht um Lyrik, sondern darum, wie Pestizide töten. «Gifte töten» oder «Kampf gegen die Natur» hätte sie auch als Titel nehmen können. Aber «Der stumme Frühling» spricht mich ganz anders an. Er ist bis heute ein vielzitierter Titel mit einem starken Bild.

Der Amerikanische Dichter Gary Snyder (*1930) antwortet auf die Frage, ob Lyrik die Welt retten kann: «Ja, ich denke schon, was sonst soll die Erde retten? Und darin liegt eine gewisse Wahrheit. Lyrik ist, wenn ich das so sagen darf (...) eine Art Magie. Sie existiert am äussersten Rand der Möglichkeiten und an den Grenzen der Sprache, (...) am Übergang zur Musik und zum Tanz. Sie gehört nicht zum Schreiben, sie gehört zum Singen und Aufführen, sie ist Teil des Theaters, und sie bringt unsere tiefsten Gefühle zum Vorschein, und wir alle wissen darum, aber wir wissen nicht wieso oder wie. Also in diesem Sinne könnte Lyrik den Menschen dabei helfen, die Erde zu lieben. Was sie im Moment nicht tun, sie sehen die Erde als eine Art Lagerplatz einer riesigen Rohstoff-Versorgungszentrale, wo man seinen Laster mit Dünger, Kies, Sand, Getreide, Öl, was immer man so braucht, vollladen kann. Das ist für sie die Erde. Damit muss Schluss sein. Wir müssen damit aufhören und darüber nachdenken, was die Erde wirklich ist. Und da kommt die Lyrik ins Spiel.» (Deutschlandfunk Kultur 2014)

Gedichte sind Fragezeichen in unserer rational funktionierenden Welt. Sie sind wie der staunende Norin in der Hektik des Alltags. Er wiegt den grauen Kieselstein in der Hand. Gedichte, Kunst überhaupt, verlangsamen für einen Moment meine Routine und helfen, aus dem blinden Trott auszuscheren. Sie können die Absurdität und Schönheit, Monstrosität und Zauberhaftigkeit unserer Welt aufzeigen und helfen, quer zu denken und mitzufühlen. Gedichte trainieren mich in Friedfertigkeit. Die Erde ist meine Wohnung, mein Garten, meine Freundin und mein Freund. In der Wohnung will ich keinen Müll und keine Gewalt. In den Garten kommen mir kein Gift, Kunstdünger oder transgene Organismen. Gegenüber meinen Freundinnen und Freunden, also allem Leben, akzeptiere ich keine Gewalt in irgendeiner Form. Ich war Erde, lebe von Erde und werde Erde, weshalb ich ihr dienen will.

Ermächtigung zur Friedfertigkeit

Baum

Ich bin hier und
Kann nicht fort
Ich gedulde bis
Ein Vogel auf mir singt
Ein Regen mich duscht
Ein Strahl mich wärmt
Schnee mich erfrischt
Jemand mich anflüstert
Und umarmt

Ich habe die Nachhaltigkeitskonzepte kritisiert, will aber nicht alle Bemühungen in Abrede stellen. Die 17 Ziele für Nachhaltige Entwicklung (Sustainable Development Goals (SDGs)) der UNO sind überaus wichtig und formulieren wertvolle Ideale. Mit Friedfertigkeit schlage ich einen anderen Begriff vor, der nicht nur die ursprüngliche Radikalität von Nachhaltigkeit zurückbringt, sondern ihm mit einem geistigen und ökozentrischen Menschen- und Weltbild neue Tiefe verleiht: den Respekt vor der Würde aller Lebewesen.

Mir scheint, dass die vielfältigen Trennungen uns vom Leben und von uns selbst entfremden. Das befeuert eine tiefsitzende Lebens- und Todesangst, die wir mit einem gierigen Weltverzehr besänftigen wollen. Bekanntlich funktioniert das nicht, weshalb die Verlustangst und der Welthunger zunehmen. Das gilt nicht nur auf der individuellen Ebene; auch in der Wirtschaft sind Gier und Wachstum immer noch vermeintlich unumstössliche Dogmen. Viele Menschen haben erkannt, dass wir handeln müssen, reagieren jedoch verschieden:

— Die einen negieren die Bedrohungen und sehen keinen Grund, irgendetwas zu ändern. Ein Blindflug.
— Andere vertreten die Auffassung, nur Katastrophen würden Menschen zu einem Richtungswechsel bewegen. Auch wenn dem faktisch kaum etwas entgegenzusetzen ist, kann ich mich damit nicht anfreunden. Es ist eine kleinliche, mut- und phantasielose Haltung, die missachtet, dass wir als freie Menschen immer Handlungsmöglichkeiten haben.
— Wieder andere vertrauen darauf, dass irgendwann irgendwer die Probleme lösen wird. Sie hoffen auf die Politik und politische Initiativen. Das finde ich wichtig, reicht aber kaum aus, da radikale Änderungsvorschläge selten eine Mehrheit finden.
— Viele sehen in neuen Technologien die Lösung. Ich verteufle Technologien nicht, kann aber diesem Weg keinen Glauben schenken. Jede technologische Revolution hat in der Regel zu einer Machtkonzentration geführt. Das schadet der Demokratie und festigt Strukturen so, dass man kaum noch aussteigen kann. Diese systemischen Zwänge erschweren eine Umkehr. In der Schweiz werden Strassen, Brücken und Tunnels weitgehend über eine Verkehrs-

steuer finanziert. Würde der private Autobesitz halbiert, wären die aufwändigen Sanierungen kaum mehr zu finanzieren.

— Manche plädieren für bewussten grünen Konsum. Das ist sicher wichtig, doch die Verantwortung wird einseitig den Kaufenden zugeschoben, Politik, Unternehmen und Investoren werden hingegen von ihr entbunden. Es verschleiert ein Markt- und Politikversagen und die Verantwortung der Eliten. Warum darf ein Unternehmen überhaupt Produkte mit sozial und ökologischen schädlichen Folgen anbieten? Wie ist es möglich, dass Geld immer noch in nicht-friedfertige Projekte investiert wird? Da wird die Verantwortung billig ausgelagert. Die Gesellschaft ist bis heute nicht imstande, entsprechende Regeln durchzusetzen.

— Einige Initiativen machen mir Hoffnung. In den letzten Jahren lancierten viele, zumeist junge Menschen unglaublich schöne und wichtige Bewegungen: gegen Lebensmittelverschwendung, für regenerative Landwirtschaft oder Permakultur, für Langsamverkehr oder Carsharing, für Teilen statt Besitzen, Flicken statt Wegwerfen, Selbermachen statt Kaufen, Solar statt Fossil, Gemeinschafts- statt Privatbesitz, Genossenschaft statt Aktiengesellschaft oder neue Wohnformen. Sie handeln zwar noch in Nischen, aber viele Nischen können zusammen eine grosse Kraft entwickeln. In ihnen werden friedfertige Wirtschafts- und Lebensstile ohne Wachstumszwang erprobt.

— Und noch etwas schenkt mir Hoffnung: Viele Menschen ahnen, dass es so nicht mehr weitergehen kann und sind auf der Suche nach Auswegen aus der Konsumwelt. Darunter sind auch viele, die nicht zu den Schon-Überzeugten gehören. Sie fragen nach dem Sinn und suchen Antworten im Geistigen und in der Spiritualität.

Der Kurswechsel ist so dringlich, dass ich mich frage, ob mein Vorschlag eines ökozentrischen Weltbildes auf einem spirituellen Fundament überhaupt Sinn macht. Reicht die Zeit, um über Naturbeziehungen, inneren Frieden, Überwindung der Todesängste und Spiritualität zu meditieren? Ist das nicht ein zu umständlicher Umweg? Ich möchte die verschiedenen Arten des Engagements nicht gegeneinander auszuspielen. Dafür fehlt auf jeden Fall die Zeit und Energie. Gleichzeitig bin ich überzeugt, dass wir uns um friedfertige Menschen- und Weltbilder bemühen müssen. Niemand vermag durch und durch friedlich zu handeln. Doch jeder Mensch soll in seiner Umgebung und mit seinen Talenten der Liebe Kraft geben und dem Zerstörerischen den Boden entziehen.

Ausgangspunkt meiner Gedanken in diesem Buch war meine Schwäche und Sterblichkeit, die mich mit den vielfältigen Bedrohungen auf diesem wunderbaren lebendigen Planeten verbindet. Meine Muster der Abspaltungen sind mächtig und doch will ich es immer wieder im Kleinen versuchen. Alle wollen wir gerne lange und ohne zu leiden leben. Darum sollen wir Leiden durch individuelle Gedanken- oder Tatenlosigkeit, durch blinde Geldgier oder durch politisch-ökonomische Systeme nicht sinnlos vergrössern. Es gibt immer alternative Möglichkeiten. Die Wirkung der eigenen Gedanken und Haltungen dürfen wir nicht unterschätzen.

Ich habe in diesem Buch immer wieder vom Handwerk der Friedfertigkeit geschrieben. Bewusst schlage ich kein abschliessendes Konzept vor, damit die Leserin und der Leser selber aktiv werden. Denn innere Prozesse und die Umsetzung im Alltag sehen bei jedem Menschen anders aus. Friedfertigkeit braucht einen bewussten Entscheid. Es ist eine Fertigkeit, ein Handwerk, das gelernt, geübt und vertieft werden will. Dafür ist eine innere Haltung der Selbstliebe und Nächstenliebe notwendig. Selbstverständlich ist ein Austausch mit anderen wichtig. Jeder kleine oder grosse Konflikt in der Nachbarschaft oder am Arbeitsplatz ist eine Gelegenheit, das Handwerk zu verfeinern. Es ist paradox: Ich kann nichts delegieren und gleichzeitig muss ich mein Ego loslassen und mein Herz für andere öffnen.

Für ein friedfertiges Leben braucht es sorgfältiges Denken, emotionale Hingabe und engagiertes Handeln: Kopf, Herz und Hand. Beim Zuhören lerne ich zuhören, beim Einfühlen übe ich, mich in andere einzufühlen, und beim Staunen lerne ich Staunen. Beim Lieben lerne ich lieben. Dazu gibt es in jedem Augenblick gute Gelegenheiten. Liebe und Gewaltlosigkeit sind immer ein Wagnis. Ich will vertrauen und mich als kleinen Teil eines wunderbaren Lebensnetzes sehen. Ich bemühe mich, das Leiden anderer als eigenes zu empfinden, auch wenn ich nichts fühle. Ich will hoffen, auch wenn alles dagegenspricht. Ich will mich lieben, auch wenn mein Körper es mir schwermacht, und will das Leben lieben, auch wenn Gedankenlosigkeit, Egoismus und Gewalt mich wütend machen. Auf dieses Wagnis habe ich mich eingelassen. Auf mich kommt es an, oder wie es im Talmud, einem wichtigen jüdischen Schriftwerk, heisst: «Wer, wenn nicht ich, wann, wenn nicht jetzt.»

Mehr davon!

Steigerung

Mehr weniger
weniger schneller
schneller langsamer
langsamer grösser
grösser geringer
geringer länger
länger weniger
weniger mehr

Ich habe wiederholt die Wachstumsökonomie und Gier kritisiert, doch es gibt vieles, von dem es noch viel mehr geben darf: Knospen im Winter studieren; einem Schwein in die Augen schauen; eine Nacht durchtanzen; Gespräche unter Freunden; im Alter ein Computerprogramm lernen; bei der lokalen Vertragslandwirtschaft mitmachen; eine Regionalwährung mitgründen; eine politische Initiative unterstützen; mit Norin ein Puzzle machen und die Zeit vergessen.

Ich beobachte das Tanzen der Ahornsamen im Wind. Wo trägt das Schicksal sie hin? Das Wasser des Flusses durch unsere Stadt fliesst unaufhörlich. Die Wellen und Wirbel wechseln von Sekunde zu Sekunde. Schaue ich flussaufwärts, kommt mir ständig neues Wasser entgegen, fliesst an mir vorbei, ohne Ende. Die Erde in meinem Garten ist belebt. In einer Handvoll hat es mehr Lebewesen als Menschen auf der Erde. Ich kann viel für die Regenwürmer und andere Bodenlebewesen tun, begrünen oder Kompost verteilen oder Bäuerinnen dabei unterstützen. Von fruchtbarer Erde und sauberem Wasser darf es sehr viel mehr geben.

Ich staune über die Ameise, die ein Vielfaches ihres Körpergewichts scheinbar mühelos zum Bau schleppt. Die Bienen fliegen zielsicher von einer Blüte zur nächsten. Katzen lehren mich, zu schmusen und keinen Autoritäten zu folgen. Ich begegne jeden Tag Tieren, an denen ich mich freue, ausser ich werde von einer Zecke gebissen. Es darf viele und viele verschiedene Tiere geben. Wenn ich der Landschaft Sorge trage, können ihre Bewohnerinnen und Bewohner gut leben. Der Respekt vor ihrer Würde darf unendlich zunehmen. Menschen wollen die Welt erkunden, Grenzen sprengen und dabei sich selber finden. Sie wünschen sich gute Freundschaften, Anerkennung, Liebe und wollen ihre Talente ausleben. Von alledem darf es noch viel mehr geben. Das Reisen erweitert meine Welt, wenn ich mich auf Menschen, die Natur oder mich selbst einlasse – nicht die Quantität, sondern die Qualität bereichert mich.

Menschen kann ich überall begegnen und an jedem Ort Neues erleben. Das vermeintlich Fremde erweitert meinen Horizont, wenn ich mich darauf einlasse. Freundschaften pflegen, Menschen berühren, lieben, küssen und zusammen träumen. Das alles und noch vieles mehr darf unendlich wachsen.

Und auch davon darf es mehr geben: Feste feiern, teilen, schlafen, schenken, musizieren und Musik hören. Miteinander reden, streiten, verstehen, widersprechen, ermutigen, fragen, zuhören, stottern, schweigen und nachfragen, das alles muss kein Ende haben. Aber auch anderen in Not helfen, da sein, in schwierigen Momenten bei Krankheit, oder im Alter jemand begleiten. Es gibt unendlich viele Beispiele, das Leben zu sammeln und ihm zu dienen.

Auch in der Wirtschaftswelt darf es von Vielem viel mehr geben: Unternehmen, die gute Produkte und sinnstiftende Arbeitsplätze anbieten. Menschen, die ernsthaft an respektvollen, den Menschen und der Natur dienenden Lösungen arbeiten. Bäuerinnen, welche die Bodenfruchtbarkeit als Basis von Gesundheit pflegen. Architekten, die Plusenergiehäuser bauen. Städteplanerinnen, die so verdichten, dass die Lebensqualität steigt. Ärzte, die Menschen als Einheit von Körper, Seele und Geist sehen. Juristinnen, die sich für Steuergerechtigkeit engagieren. Fotografen und Filmemacherinnen, die meine Wahrnehmung für die Wunder und Schönheiten sensibilisieren. Schauspieler, die mich unterhalten und mir helfen, andere Wirklichkeiten zu spüren. Lehrerinnen, die junge Menschen neugierig machen und sie bestärken, selber zu denken. Wissenschaftler, die forschen, um die Welt zu verstehen. Journalistinnen, die ohne Scheuklappen Widersprüche aufdecken und informieren. Banker, die Geld nur noch für friedfertige Projekte bereitstellen und für die der Gewinn Nebensache ist.

Es gibt viele Menschen, die einen Ausweg aus dem Privatbesitz suchen. Sie erproben neue Organisationsformen wie Commons und Genossenschaften, die die Wachstumszwänge überwinden. Kooperation statt Konkurrenz, Solidarität statt Eigennutz oder Gemeinsinn statt Egoismus werden so gefördert. Mitbestimmung und Teilhabe gehören selbstverständlich dazu. Davon kann es nicht genug geben.

Kinder sind Spezialisten im einfachen und genügsamen Leben. Sie lernen spielend mit dem, was da ist. Am Anfang können sie sich ob jeder Kleinigkeit freuen und staunen. Bedingungslose Liebe ohne Erwartungen darf sich grenzenlos ausbreiten. Ich kann die ersten Schritte eines Kindes begleiten; mit ihm Rehe beobachten; den Vogelstimmen lauschen; an einem zerriebenen Blatt der Schafgarbe riechen; einen Felsen tastend erkunden oder bei Vollmond die Nacht geniessen. Kinder zeigen uns, wie wichtig vertrauensvolle Beziehungen und Freundschaften sind. Ich wünsche mir mehr davon. Ich stimme dem Musiker, Komponisten, Gitarrenbaumeister und Autor André Stern (*1971) zu: «Es wird keinen Frieden auf Erden geben, ohne Frieden mit der Kindheit.»

Bäume sind oft stark herausgefordert: Wenn Trockenheit sie dursten lässt, wenn es nach einer Warmperiode im Winter nochmals kalt wird und die jungen Triebe gefrieren oder wenn ein Sturm am Baum zerrt und ihn zum Kippen bringt. Bäume sind ebenso wie ich verletzlich und bedroht. Der Tod ist jederzeit möglich. Auch wenn mein Körper vielleicht demnächst gelähmt sein sollte, will ich mich nicht lähmen lassen und immer wieder staunen und dankbar sein. Ich kann jederzeit Neues beginnen oder versuchen, Altes neu zu betrachten. Und mich an der Freude anderer erfreuen. Ich lasse mich gerne von der Leichtigkeit von Norin beim Spielen inspirieren: Kieselsteine sammeln und die Zeit vergessen.

Schluss

Zweiter Brief an meinen Enkel – behalte das Kind in dir!

Lieber Norin

Dieses Buch liest du im besten Fall in 15 Jahren. Die Welt wird dann eine andere sein und du wirst vielleicht lesen, was dein Grossvater geschrieben hat. Es kann sein, dass meine Einschätzungen sich im Nachhinein als falsch erweisen. In vielen Themen bin ich pessimistisch gestimmt, aber gleichzeitig will und kann ich die Hoffnung nicht aufgeben. Auch wegen dir. Du hast noch ein ganzes Leben vor dir. Es gibt auch einige Gründe für Zuversicht. Deshalb habe ich auch dieses Gedicht an den Anfang des Buches gestellt:

> **Schatten**
>
> Einen Apfelbaum
> setz ich heute
> und
> werde nie in
> seinem Schatten
> in einen
> Apfel beissen

Ich verstehe Hoffnung nicht als billige Ausrede, sondern als eine Haltung der Dankbarkeit, die friedfertige Gedanken und Taten fördert. Denn nie ist alles hoffnungslos. Deine Geburt und die ersten Jahre sind ein starker Ausdruck von Zuversicht: Es hat mich beeindruckt, wie du neugierig, frech und offen die Welt erkundet hast. Aber auch das ganze Leben, das noch vor dir liegt ist nur mit Optimismus zu meistern, so scheint es mir. Hoffnung machen mir auch die unzähligen schönen Initiativen überall auf unserem Planeten. Es werden an vielen Orten Bäume gesetzt. Setze auch du einen Apfelbaum! Bleibe Kind! Orientiere dich am Gelingenden und Schönen, staune und liebe so gut es geht. Versuche, nicht zu werten und keinen Graben zwischen Menschen zu graben. Und auch nicht zwischen dir und den Tieren und Bäumen. Oft scheinen Aufgaben unlösbar und jede Mühe umsonst. Wäre Erfolg dein grösstes Ziel, würdest du erst gar nicht beginnen. Orientiere dich also nicht am Erfolg. Mache, was dir wichtig ist und höre nicht auf die, die dich einen Spinner, Utopisten oder Phantasten nennen. Habe den Mut, deinen eigenen Weg zu gehen, auch wenn es dich einsam macht. Mache fleissig Fehler und versuche, aus ihnen zu lernen. Ein Leben ohne Fehler ist zwanghaft und lustlos.

Die Welt ist nie eindeutig. Man will das Gute tun und bewirkt Schlechtes. Das ist kein Aufruf gegen ein Engagement für ein gutes Leben aller. Ich will damit zum Ausdruck bringen, dass es keine Taste fürs friedfertige Leben gibt, denn die Welt ist äusserst komplex. Trotzdem wünsche ich mir, dass die Gewaltfreiheit und ein friedfertiges Leben für dich leitend sind. Ich wünsche mir, dass du spielerisch durch dein Leben reist. Zum Spiel gehört für mich die Zeit vergessen, staunen und sich an kleinen Dingen freuen. Ich könnte das Leben als Spiel auch missbrauchen und andere nicht respektieren. Das ist oft ein Grund für Konflikte. Die wird es immer geben und sie gehören zum Leben. Versuche, dein Gegenüber zu verstehen und bleibe, wenn immer möglich, im Gespräch. Denn alle Lebewesen verbindet das Leben und der Wunsch zu leben. Alles ist miteinander verbunden und jeder Gedanke und jede Tat wirken.

Höre auf dein Herz!
Dein Grossvater

Literatur

- Hannah Arendt: Vita activa oder vom aktiven Leben. 7. Auflage. München 1992
- Veronika Bennholdt-Thomsen: Geld oder Leben. Was uns wirklich reich macht. München 2010
- Deutschlandfunk: https://t1p.de/kann-lyrik-die-welt-retten – heruntergeladen am 19.06.22
- Rachel Carson: Magie des Staunens. Die Liebe zur Natur entdecken. Stuttgart 2019
- Marc Chesney in Infosperber vom 4.1.2022: https://t1p.de/subventionen-fuer-oel
- Marc Chesney in Infosperber vom 12.5.2022: https://t1p.de/krieg-in-der-ukraine
- Marian Donner: Das kleine Buch der Selbstverwüstung. Warum wir mehr stinken, trinken, bluten, brennen und tanzen sollten. Berlin 2020
- Hans-Peter Dürr: Für eine zivile Gesellschaft. München 2002
- Charles Eisenstein: Wut, Mut, Liebe. Politischer Aktivismus und die echte Rebellion. München 2020
- Viktor E. Frankl: ...trotzdem Ja zum Leben sagen. Ein Psychologe erlebt das Konzentrationslager. München 1997
- Marianne Gronemeyer: Das Leben als letzte Gelegenheit. 4. Auflage. Darmstadt 2012
- Joan Halifax: Im Sterben dem Leben begegnen. Mut und Mitgefühl im Angesicht des Todes. Bielefeld 2011

- Ivan Illich: Die Schule als heilige Kuh, in ders.: Schulen helfen nicht. Über das mythenbildende Ritual der Industriegesellschaft. Reinbek bei Hamburg 1972
- Ulrich Kabitz (Hg.): Die heilsame Reise. München 1989
- Lorenz Marti: Türen auf! Spiritualität für freie Geister. Freiburg im Breisgau 2019
- Carolyn Merchant: Der Tod der Natur. Ökologie, Frauen und neuzeitliche Naturwissenschaft. 2. Auflage. München 1994
- Minna Salami: Sinnliches Wissen. Eine schwarze feministische Perspektive für alle. Berlin 2021
- Albert Schweitzer: Die Ehrfurcht vor dem Leben. Grundtexte aus 5 Jahrzehnten. Hrsg.: Hans Walter Bähr. 4. Auflage. München 1984
- SDGs – Sustainable Development Goals (SDGs): https://unric.org/de/17ziele/
- Vandana Shiva: Biodiversität. Plädoyer für eine nachhaltige Entwicklung. Bern 2001
- Angelus Silesius: Cherubinischer Wandersmann. Kritische Ausgabe. Hrsg. von Louise Gnädinger. Stuttgart Reclam 1984
- Tages-Anzeiger: Tageszeitung Zürich – www.tagesanzeiger.ch
- Llewellyn Vaughan-Lee und Hilary Hart: Das Heilige im Alltag entdecken. Spirituelle Ökologie in der Praxis. Bern 2018
- Hans E. Widmer in: Verein Neustart Schweiz (Hg.): Auf den Boden kommen. Klimagerecht leben im Quartier. Basel 2022

Brief von Marianne Gronemeyer

Lieber Thomas Gröbly,

am Ostersonntagmorgen habe ich begonnen, Ihr Manuskript zu lesen. Als ich die Überschrift des ersten Kapitels sah, dachte ich: Ich hätte vor zwei Tagen, als es bei mir eintraf, mit der Lektüre anfangen sollen, es ist ein Karfreitagstext. Sobald ich aber die ersten Sätze gelesen hatte, wusste ich, dass der Ostersonntagmorgen genau der richtige Augenblick war, mich Ihrem Text zu widmen. Weshalb ich das so empfand? Es liegt an den Widersprüchen, die schon die Tonart der ersten Zeilen bestimmen.

> **«Eiche**
>
> Ich kann keine Bäume
> Mehr ausreissen
> Mir fehlt die Kraft
> Ich kann aber noch
> Langsam
> Eicheln setzen

Die Bäume und der Wald sind mir Heimat. Mit Bäumen um mich geht es mir gut. Sie sind schön, kräftig, voller Leben, manche majestätisch, andere verkrüppelt oder tot.»

Da ist mit einer unüberhörbaren Wehmut die Rede von den geschwundenen Kräften, die einen Verlust bedeuten; aber tatsächlich geht es dabei um den Verlust der Fähigkeit, zu zerstören, nämlich: Bäume ausreißen zu können.

Und dann zeigt die übriggebliebene Schwäche, welche Kraft in den Schwachen mächtig ist, sie kann Eicheln setzen und dem kommenden Baum aufhelfen. Aber nicht so – wie ich später lese –, dass die schwachen Kräfte sich als Ursache des Baumes aufspielen dürften, sondern so, dass sie als seine Freunde handeln. Ähnlich wie Henry David Thoreau es mit der Sonne hielt: Er sei sicher, sagte er, dass die Sonne auch ohne ihn aufgehen würde, aber ganz ohne ihn, ginge es eben auch nicht, weshalb er allmorgendlich bei ihrem Aufgang zur Stelle war.

Und dann die Charakterisierung der Bäume: Sie sind kräftig und voller Leben; aber nicht nur die majestätischen, sondern auch die verkrüppelten und sogar die toten. Was für eine gewagte Aussage, die dem toten Baum Lebendigkeit, Kraft und Schönheit nachsagt.

Dieser Widerspruch hat mir die Augen geöffnet für ein Geschehen am Wegesrand, an dem ich beinah täglich vorüberkomme, ohne bemerkt zu haben, was sich da abspielt. Es handelt sich um zwei Bäume, zwei alte Weiden, mit denen ich schon lange auf Du und Du war, so sehr, dass ich ihnen einen Namen gab: die zwei Veteranen. Sie stehen an einem Graben, der eine Grenze markiert in der öden Feldlandschaft, aus der Jahr um Jahr wechselweise subventionierter Weizen oder Rüben herausgequält werden. Und da die Kommunen einen bestimmten Anteil der Gemarkung als naturbelassene Flächen ausweisen müssen, hat man wohl diesseits und jenseits des Grabens ein paar Meter dazu ausersehen, diesem Gebot zu genügen, dort, wo sie die ertragreiche Fläche am wenigsten schmälern und die zügigen Wendemanöver der motorisierten Giganten der Feldbearbeitung am wenigsten behindern. So standen also die beiden Veteranen als Sinnbild von Natur in einer denaturierten Umwelt und hatten zum Trost wenigstens einander.

Eines Morgens nach einem nächtlichen Sturm war einer der beiden umgestürzt. Das Geäst lag am Boden und der mächtige Wurzelballen ragte in den Himmel. Ich kann meine Gefühle beim Anblick dieses Toten nur als eine Mischung aus Erschrecken, Trauer um den Verlust und Mitgefühl mit dem alleingelassenen Gefährten beschreiben. Eine Zeitlang mochte ich den Weg nicht mehr gehen. Aber dann wollte ich doch nachschauen, was aus den beiden geworden war. Zu meiner Überraschung sah ich, dass der Gefallene noch da war. Seiner Sperrigkeit wegen, waren seine ausladenden Äste abgesägt worden, aber der Stamm lag, so wie er gestürzt war, was mich um seiner selbst und um des zurückgebliebenen Bruders willen freute. Und als ich, nachdem ich Ihren Text, lieber Thomas Gröbly, gelesen hatte, wieder meinen gewohnheitsmäßigen Gang machte, bin ich vom Wege abgekommen und habe mich auf etwas unwegsamem Gelände den beiden genähert, um sie genauer zu betrachten; und da sah ich, was sie geschrieben haben: Der tote Baum war schön, kräftig und voller Leben. Der Stamm hatte da, wo große Teile der Rinde verletzt waren, bereits die grau-bleiche, fahle Farbe von verwittertem Totholz angenommen. Aber aus dem toten Holz sprossen neue Triebe, die jetzt mai-grün sind. Ich kann mir das so erklären: Der Baum hatte, wie auch sein Nachbar nahe über dem Boden zwei genüberstehende mächtige Äste ausgebildet. Einer der beiden Äste blieb stehen und bildet inzwischen eine neue kleine Krone aus. Der liegende Stamm ist mit diesem Teil seiner selbst noch verbunden – eben deshalb, weil er liegen bleiben durfte, der Kommune sei Dank – und treibt nun seinerseits mit einer staunenswerten Richtungsänderung neue Zweige aus. Aber ich will mich durch dieses österliche Wunder gar nicht herausfordern lassen, es weg-zu-erklären, sondern es ehrfürchtig bestaunen und es für ein starkes Symbol der unauflöslichen Zusammengehörigkeit von Leben und Tod nehmen. Und dann bin ich bei dem Thema, das Ihr Buch wie ein Leitmotiv durchzieht:

«Da ich an einer schweren Krankheit leide und mich mit meinem eigenen Sterben auseinandersetze, interessiert mich die Frage, was ich vom Sterben fürs Leben und Lieben lernen kann», lese ich. Dieser Satz, der den tiefen Beweggrund Ihres Schreibens benennt und dem entstandenen Text seine zwingende Glaubwürdigkeit verleiht, findet sein Pendant in einem Satz von Ivan Illich, der mich seit vielen Jahren begleitet: «Unsere Hoffnung auf Erlösung liegt darin, dass wir von dem andern» [sei es der, die oder das Andere] «überrascht werden. Mögen wir lernen, immer neue

Überraschungen zu erleben. Ich habe mich schon vor langer Zeit entschlossen, bis zum letzten Akt meines Lebens, also im Tode selber noch auf Überraschungen zu hoffen.» (Illich 1972: 21)

Da ist er wieder, der Widerspruch; nämlich der zwischen der Freiheit des eigenen Entschlusses, von der Illich spricht, und der Überraschung, die sich nicht planen, nicht zwingen und nicht beschließen lässt.

Sie sprechen in Ihrer Ankündigung, mit der Sie sich einerseits an Ihre Leserinnen und Leser wenden und sich andererseits selber Ihres Schreibvorhabens vergewissern, nicht in abstrakten, analysierenden und erklärenden Begriffen. Sie sprechen nicht von *dem* Leben, *dem* Tod, *der* Liebe und auch nicht von der Abarbeitung eines Lernpensums, sondern von dem, was Sie auf ihrer letzten Wegstrecke als Sterbender *tun*: Sie leiden, Sie sterben, Sie leben, Sie lieben und Sie lernen. Erstaunlich, mit welcher Treffsicherheit Sie in diesen fünf Tunsmöglichkeiten benannt haben, was unser Menschsein ausmacht. Ich war beim Schreiben oft in der Verlegenheit, konkret zu sagen, was die Conditio humana, die Bedingung des Menschseins, sei. Sie lehren mich, dass man dazu nicht mehr braucht als diese fünf Verben. Aber jede dieser Tätigkeiten ist in sich selbst zutiefst widersprüchlich:

Menschen sind von Geburt an leidende, vergängliche, lebendige, aufeinander angewiesene und lernende Wesen, und dennoch müssen sie erst lernen, leiden, sterben, lieben und leben zu können. Sie können sich ihre Mitgift nicht aussuchen und entgehen ihrer Bestimmung nicht und müssen sich dennoch zu ihr entscheiden. Ihnen stößt ihr Leben zu. Und sie müssen es dennoch führen. Sie sind «zur Freiheit verurteilt» (Jean-Paul Sartre) und dennoch ist die Freiheit etwas, das Minute für Minute errungen werden muss. Die Begabungen und Begrenzungen sind alles andere als gerecht verteilt auf die Glücks- und die Sorgenkinder der Welt und doch sind unsere Begrenzungen vielleicht das Beste an uns. Mehr als unseren Talenten verdanken wir ihnen unsere Einzigartigkeit; auf unsere Beschränkungen auf je eigene Weise zu antworten, *mit* ihnen und nicht *gegen* sie zu leben, sie *gut leiden* zu können, darin könnte *Lebenskunst* bestehen – statt dass wir uns abstrampeln, den Standards der Normalität durch technische und institutionelle Aufrüstung des Selbst zu genügen.

Eine andere Frage, die Ihr Buch von der ersten bis zur letzten Zeile durchzieht, gilt dem Gegensatz von Trennung und Verbundenheit. Die modernen Gesellschaften krankten daran, dass wir Menschen, anstatt unsere Verbundenheit miteinander und mit allem, was sonst kreucht und fleucht, wächst und gedeiht, zu gewahren und zu pflegen, alles zergliedern, hierarchisieren, analysieren, spezialisieren, zerlegen, absondern, bewerten und verwerten, kurz: voneinander trennen. Die Trennungen müssten überwunden werden, schreiben Sie, sie müssten der Verbundenheit weichen. Ich gestehe, dass ich beunruhigt und auf der Hut bin, wenn ich so entschieden und emphatisch von der Verbundenheit reden höre. Wie Sie wissen, handelt mein letztes Buch von den Grenzen, deren Verschwinden ich mit großer Sorge betrachte. Das Buch ist also geradezu ein leidenschaftliches Plädoyer dafür, das Trennende zu bewahren und die Grenzen zu hüten. Denn sie sind ihrerseits «Hüterinnen der Verschiedenheit». Sie entstehen dort, wo Verschiedenes aneinander *angrenzt*, während wir glauben, sie seien dazu da, das Eigene gegen das Andere *abzugrenzen*. Wenn die Grenzen fallen, wenn also die Trennungen überwunden werden, dann wird alles einerlei, dann wird das «Anderssein zum schweren Vergehen» (Pier Paolo Pasolini). Die Grenze ist – in dieser Lesart – das, was uns verbindet, *indem* es trennt.

Nun sind Sie gewiss nicht verdächtig, dem Anderen sein Daseinsrecht als Anderes zu bestreiten. Sie beklagen ja gerade – wenn ich Sie richtig höre – die Vereinzelung inmitten der Vereinheitlichung, die Ungleichheit inmitten der Gleichmacherei. Aber die Verbundenheit hat in unserer Sprachpraxis so sehr die Bedeutung von *Ein*helligkeit, *Ein*igkeit, *Ein*mütigkeit, Über*ein*stimmung und Einheit angenommen, dass über dem *Eins*-Sein die *Zwei*samkeit in Vergessenheit und aus dem Blick geraten ist. Ich spreche nicht von der sogenannten trauten Zweisamkeit der irrenden Liebenden, die in Wirklichkeit ihre Zweiheit gern loswären und sich alle Glückseligkeit von der Verschmelzung, vom Eins-Werden, von der Überwindung der Getrenntheit versprechen.

Ich meine die Feier der Zwei, ich meine die tiefe Erfahrung der Andersheit des/der Anderen, die die unergründliche Rätselhaftigkeit, die definitive Unverstandenheit und die unaufhebbare Fremdheit des jeweiligen Anderen, unangetastet lässt. Die Verbundenheit, die aus der Unantastbarkeit des Anderen entsteht, – in Ihrem Text steht dafür das Wort Friedfertigkeit – ist das krasse Gegenteil von dem, was uns im politischen Jargon als Integration begegnet. Welch eine ungeheure Sprachverdrehung, denn das lateinische Adjektiv *integer*, von dem unser Begriff der Integration sich herleitet, bedeutet: unangetastet, unverletzt. Dieses schöne Wort muss nun die Anpassung der Anderen, an die Standards *unserer* Normalität rechtfertigen. Und dabei bleibt nun wirklich nichts, was ihnen eigen ist, unangetastet. Wir hüten uns aber diesen Anpassungszwang frank und frei beim Namen zu nennen. Wir sprechen von unseren Werten, die es zu schützen gelte. Unsere Werte? Eine grässliches und bei genauem Hinhören verräterische Formel. Denn wenn wir uns auf unsere Werte berufen, haben wir die Minderwertigkeit des Anderen, bereits diagnostiziert. Die eigenen *Werte* sind nun einmal ohne Be- und *Abwertung* der Anderen und ohne eigenes Überlegenheitsbewusstsein nicht zu haben. Unter der Hand wird das Eigene zum Eigentlichen geadelt.

Sie, lieber Thomas Gröbly, haben sich für das Wort Friedfertigkeit entschieden, um die Art der Verbundenheit, die die Andersheit des Anderen nicht antastet, zu bezeichnen und darin finde ich wieder, was ich von Emmanuel Levinas, der sich wie kein anderer gesorgt hat um die Bewahrung des Eigen-Sinns des jeweiligen Anderen, gelernt habe. In einem Gespräch, in dem es um die Erfahrung des Anderen ging, sagt er: «Erfahrung? Mit diesem Wort bin ich sehr vorsichtig. Erfahrung ist [bereits] Wissen. Das Anwesen des Anderen berührt mich. Berührt ist besser – je suis touché –, weil ich dann eigentlich passiv bin. Ich bin angegangen. Auf Deutsch sagen Sie sehr schön: der Andere geht mich an.»

Die tastende *Berührung* machte es mir demnach möglich, die Andersheit des Gegenübers *unangetastet* zu lassen? Und die denkbar aktivste Zuwendung zum Anderen bestünde darin, dass ich *passiv* bin? Seine Fremdheit würde dadurch entschreckt, dass ich sie leiden kann? So tief müssten wir uns in Widersprüche verwickeln lassen, damit Friedfertigkeit – Ivan Illich würde von Philia, Befreundung, Con-spiratio sprechen – werden kann.

Und das gilt nicht nur den Fremden gegenüber, sondern auch dem Baum und der Hummel am Wegesrand und dem gefürchteten Tod gegenüber, sofern sie mich angehen und ich sie mich angehen lasse. Sie lieber Thomas Gröbly, haben sich in diese Widersprüche sehr tief hineingewagt mit Ihrem Buch, das Sie geschrieben haben im Angesicht des Todes, und darum ist es ein sehr persönliches und sehr politisches Buch geworden, und eines, das für mich, die ich es gelesen habe, auch tröstlich ist.

Ich grüße Sie mit Dank –
Ihre Marianne Gronemeyer

Marianne Gronemeyer war lange Zeit Professorin für Erziehungs- und Sozialwissenschaften und beschäftigt sich in ihren Publikationen mit dem Geschwindigkeitsrausch unserer Gesellschaft und der Versäumnisangst des modernen Menschen. Sie wendet sich globalisierungskritisch gegen die Welteinheitskultur des Konsumismus und plädiert für kulturelle Vielfalt. Neben ihrer umfangreichen wissenschaftlichen Arbeit war sie mehrere Jahre im Aufsichtsrat von Greenpeace Deutschland tätig. Sie ist Autorin von Bestsellern wie «Das Leben als letzte Gelegenheit» und «Die Macht der Bedürfnisse» und erhielt 2011 den renommierten Salzburger Landespreis für Zukunftsforschung. Ihr letztes Buch «Die Grenze. Was uns verbindet, indem es trennt. Nachdenken über ein Paradox der Moderne» erschien 2018.

«Ich will bei meinem Sterben dabei sein» – Gedanken zu meinem Sterben

Arvenharz

Arven harzen
Golden
Süssherb

Heidelbeeren duften blau
Weidenröschen pink
Arnika gelb
Soldanellen lila
Leben als lilagelbpinkblauer Duft

Und wie riecht der Tod?
Schwarz, weiss, golden?
Oder lilagelbpinkblau?

Jedem sein Parfum
Jedem seinen Tod
Mir Arvenharz

«Ich habe keine Angst vor dem Sterben, ich möchte nur nicht dabei sein, wenn's passiert», soll der Regisseur Woody Allen (*1946) gesagt haben. In dieser witzigen Aussage kommt ein verbreitetes Unbehagen zum Ausdruck. Um Leiden zu vermeiden, wählen immer mehr Menschen die Abkürzung durch Suizidbeihilfe. Als kranker Mensch habe ich Verständnis und gleichzeitig ein paar kritische Einwände.

Sterben mit ALS kann schrecklich sein. Ich kann mich verschlucken und ersticken, oder stürzen und den Kopf verletzen. Aber schon vorher werde ich mit gelähmten Beinen, Armen und Händen auf eine Rundumbetreuung angewiesen sein, Zähne- oder Hinternputzen wird zum Trauerspiel. Wenn das Schlucken kaum mehr möglich ist, werde ich mittels Magensonde ernährt, und ein Atemgerät gibt mir Sauerstoff. Heute kann ich mir das kaum vorstellen, noch bin ich weitgehend selbständig. Vollständig von anderen abhängig zu sein, ist schwer vorstellbar.

Ein Bekannter mit ALS starb in Begleitung der Schweizer Suizidbeihilfe-Organisation «Exit». Auch in mir drängt sich die Frage auf, wie mein Ende aussehen wird. Einen Suizid mit oder ohne Suizidbeihilfe-Organisation schliesse ich nicht aus. Trotzdem stimmt mich das Sterben mit assistiertem Suizid skeptisch. Ich habe in meiner Arbeit als Trauerredner schon einige Male Angehörige von Menschen erlebt, die sich so das Leben genommen hatten. Fast durchgängig lautete die Kritik, die planmässige Durchführung des Sterbens habe kaum Platz für den Abschied gelassen. Die genau bestimmte Uhrzeit am Tag X zerstöre das Geheimnis des Sterbens und degradiere es zu einem bürokratischen Verwaltungsakt.

Ich verurteile niemanden, der dieses Sterben wählt. Ich masse mir nicht an, den Leidensdruck beurteilen zu können, der jemand diesen Weg gehen lässt. Aber assistierter Suizid ist für mich ein

Ausdruck von Todesverdrängung, von Sterbe- und Todesangst. Der Tod und noch mehr das Leiden im Sterben darf nicht sein. Das Sterben soll möglichst schnell, sauber und diskret veranstaltet werden. Mit Suizidbeihilfe wird das Unverfügbare des Sterbens verfügbar gemacht. Der eigene Tod wird zu einem minutiös geplanten Projekt mit einer klar definierten Agenda. Wer diesen Weg wählt, will die Kontrolle behalten und nichts dem Zufall überlassen.

Ich sehe darin die konsequente Weiterführung der weit verbreiteten Selbstoptimierungskultur. Lebenslang muss ich lernen und mich verbessern. Täglich 10'000 Schritte gehen, den Körper trainieren und das Gesicht faltenfrei halten, damit ich in Beruf und Liebe Erfolg habe. Wenn mein Körper trotz allen Bemühungen Defizite zeigt und nicht mehr einwandfrei funktioniert, muss ich schnell und möglichst anonym verschwinden. Dahinter steckt eine lange Geschichte der Tabuisierung des Todes, das sich im neoliberalen Menschenbild zugespitzt hat. Demnach ist jede und jeder für seinen Marktwert und sein Sterben selber verantwortlich. Assistierter Suizid sehe ich als der letzte Akt der Todesverdrängung und Selbstoptimierung.

Für Überraschungen und Abenteuer im Leben bleibt kein Platz. Begründet wird das assistierte Sterben meist damit, dass man schweres Leiden vermeiden will. Ich möchte auch nicht (unmässig) leiden. Aber Schmerzen und Leiden gehören nun mal zum Leben. Die medizinischen Möglichkeiten, Leiden und Schmerzen erträglich zu machen, geben mir die Chance von neuen Erfahrungen, die ich vielleicht erst am Ende meines Lebens machen kann. Mit Suizidbeihilfe würde ich dies verhindern, denn das Sterben ist auf einen technokratischen Prozess reduziert und gewalttätig. Man zieht den Stecker, das Licht geht aus. Es ist ein Sterben ohne Geheimnis und Poesie. Aus juristischen Gründen stehen unverzüglich Polizist, Staatsanwältin, Kantonsarzt und Bestatterin am Bett. Auch wenn sich alle Beteiligten Mühe geben – dem Sterben wird die Intimität genommen. Meine Bedenken gegenüber Suizidbeihilfe haben keine theologischen Gründe. Ein Gott der Liebe steht zu mir, wofür ich mich auch immer entscheide.

Am meisten erschreckt mich, dass das Sterben beziehungslos wird. Zwar kann auch das Sterben mit Suizidbeihilfe von Angehörigen begleitet werden, aber die organisatorischen Bedingungen wirken erschwerend. Sterben sollte doch in einem Netz von Beziehungen mit viel Zeit und Raum geschehen dürfen, auch wenn ich letztlich alleine sterbe. Ein Sterbewilliger kann alles mit seinen Lieben besprechen, und diese können der Suizidbeihilfe zustimmen. Dennoch: Der Vollzug geschieht durchorchestriert mit den notwendigen Personen all inclusive in zwei Stunden. Die Angehörigen sind gezwungen, mitzuspielen und zu funktionieren. Da bleibt weder Raum noch Zeit für die eigenen Gefühle: weinen oder beten, schreien oder verstummen oder die Zeit vergessen und sich vom Geheimnis des Sterbens berühren zu lassen.

Assistierter Suizid ist ein Ausdruck unserer Zeit, in der Freiheit ein wichtiger Wert ist. Wir vergessen gerne, dass Freiheit immer Teil eines Beziehungsnetzes ist. Mit meinem Entscheid, meinem Leben ein Ende zu setzen, stelle ich meine Angehörigen vor vollendete Tatsachen und erschwere ihren Abschiedsprozess. Nicht nur die Folgen für die Angehörigen werden negiert, auch die gesellschaftliche Wirkung geht vergessen. Wird Suizidbeihilfe zu einer Selbstverständlichkeit, könnten hilfsbedürftige alte Menschen unter Druck geraten, sich das Leben zu nehmen. Es könnte eine Stimmung entstehen, in der kranke und schwache Menschen eine soziale und finanzielle Last und unerwünscht sind.

Wie anders sieht es in einem Sterbe-Hospiz aus. Mit meiner Krankheit kann ich mir Sterbefasten vorstellen. Ich esse nichts mehr, bis mein Körper geschwächt ist und am Schluss trinke ich auch nichts mehr. Ich weiss, dass das sehr qualvoll sein kann und ein friedlicher Übergang keineswegs garantiert ist. Als Sterbender habe ich alle Zeit, die ich brauche, meine Lieben können bei mir sein, ich kann Musik hören oder jemand liest mir ein Gedicht vor, wie es mir beliebt. Ich bin medizinisch betreut, so dass ich möglichst wenig Schmerzen habe. Ich kann den Sterbeprozess bewusst miterleben und vielleicht noch wertvolle Erfahrungen machen. Es geht in keiner Weise darum, das Sterben zu verherrlichen und zu romantisieren. Auch in einem Hospiz kann ich alle möglichen Regungen zeigen, Angst, Wut, Verbitterung, Verzweiflung oder Ruhe und Gelassenheit. Im Idealfall bin ich aber begleitet von Menschen, die mich so nehmen wie ich bin. Ja zum Leben, auch im Sterben.

Suizidbeihilfe betont ein selbstbestimmtes, würdevolles Sterben. Das ist meiner Ansicht nach eine Verkehrung des Würdebegriffs. Meist geht man davon aus, dass Würde durch Schmerz, Angst und Abhängigkeit verlorengehen kann. Würde hat viel mit Selbstbestimmung zu tun. Auf Hilfe angewiesen zu sein, ist jedoch urmenschlich und die Grundlage einer humanen Gesellschaft. Deshalb ist mir diese Definition wichtig: Würde ist unabhängig von Geschlecht, Rasse, Herkunft, Gesundheit, Bewusstsein oder Zurechnungsfähigkeit. Würde kann also nicht abnehmen. Mich fasziniert die Idee, dass ich mich bis zum letzten Atemzug entwickle, auch wenn es von aussen nach Abbau von Körper und Geist aussieht. Ein Leben mit grossen Einschränkungen und schwerem Leiden ist eine Herausforderung. Bei aller Kritik respektiere ich jeden Entscheid für Suizidbeihilfe. Ich kann heute nicht sagen, ob es nicht eines Tages doch mein Weg sein wird. Sterben bleibt ein Geheimnis und ein Abenteuer, bei dem ich dabei sein möchte.

Inhaltsverzeichnis

Brief an meinen Enkel 6
Über dieses Buch 8

Trotz allen Trennungen verbunden 10
Ist ein Baum ein Baum 11
Lebenswille und Stille 16
Trennung und Entfremdung 20
Mehr als ein Bausatz 25
Meine Brillengläser sind durch Sprache geschliffen 30
Wenn Zahlen zählen 34
Das Leben als letzte Gelegenheit 38
Ich bin in Sorge 41
Verbundenheit und Friedfertigkeit 46

Mein Staunen führt mich zum Lieben 50
Mein Tod sagt Ja zum Leben 51
Vertrauen gegen Todesangst 56
Ich baue meine Welten 60
Ich bin ein Geschenk unter Geschenken 64
Fülle statt Knappheit 67
Ich öffne mich den Geheimnissen 71
Staune mehr! 76
Liebe statt Nutzen 81
Sich frei lachen 86
Jetzt 89
Sinn und Glück 91

Friedfertig werden **97**
Beenden beginnen 98
Pausen leben 102
Bleibend reisen 107
Langsam genügt 110
Wachsen und Vergehen 114
Ich bin als Mensch gefragt 121
Macht und Verantwortung 125
Leben braucht Lyrik 129
Ermächtigung zur Friedfertigkeit 133
Mehr davon! 139

Schluss **144**
Zweiter Brief an meinen Enkel
– behalte das Kind in dir! 145
Literatur 148
Brief von Marianne Gronemeyer 150
«Ich will bei meinem Sterben dabei sein»
– Gedanken zu meinem Sterben 160

Dank 168
Thomas Gröbly 169
Gedichtbände 170
Cover 172

Dank

Ohne meine Partnerin wäre dieses Buch nicht entstanden. Sie hat mich ermutigt, kritisiert und mich in vielen Gesprächen unglaublich inspiriert. Sie war die strenge Erstleserin und gab mir immer wieder wichtige Rückmeldungen. Sie behandelt mich homöopathisch, was mich bis heute vor dem Rollstuhl bewahrt hat. Sie ist seit Jahren unermüdlich und hartnäckig am Forschen und Suchen, denn es gibt kaum Erfahrungen mit Homöopathie und ALS. Ich kann noch nicht von einer Heilung berichten, auch wenn es immer wieder Zeiten mit mehr Energie gab. Für dieses riesige Engagement danke ich ihr aus tiefstem Herzen. Auch wenn wir keine Heilung erreichen, gaben mir die kleinen Verbesserungen und ihre Zuversicht viel Hoffnung. Und das hat mir geholfen, die Krankheit mit aller Mühsal bis heute zu ertragen. Norin danke ich für seine bedingungslose Liebe und die Neugier und für alle Inspirationen.

— Einen besonderen Dank richte ich an Marianne Gronemeyer, die mit ihrem persönlichen Brief auf meinen Text geantwortet und neue Perspektiven gezeigt hat.

— Wichtige Impulse erhielt ich in Gesprächen mit Pavel Novak, den Begriff Friedfertigkeit etwa haben wir gemeinsam entwickelt. Er hat Entwürfe kritisch kommentiert und am Schluss den Text korrigiert. Herzlichen Dank.

— Für die engagierte Begleitung und das sorgfältige Lektorat bedanke ich mich bei Anouk Holthuizen.
— Das Layout stammt von Fred Frohofer, das Cover haben meine Tochter Silla Gröbly und Marco Hediger entworfen – ihnen allen schicke ich ein grosses Dankeschön.
— Diese Menschen haben einen Entwurf gelesen und mir ebenfalls wertvolle Hinweise gegeben: Ulrike Büchs, Stephan Dilschneider, Sebastian Dieterich, Simon Furter, Markus Johann, Suzanne Hulstkamp, Peter Lüscher, Larissa Mettler, Andreas Petersen, Ursula Reisenberger, Tony Renold, Marianne Spiller und Wolfgang Weigand. Ganz grossen Dank.
— Ich bedanke mich bei allen Menschen, die mich mit Büchern und Gesprächen, mit Zuwendung und Kritik, mit Ermutigung und Zuspruch geholfen haben.

Thomas Gröbly

Er ist gelernter Bauer und reformierter Theologe. Er war bis 2018 Dozent für Ethik und Nachhaltigkeit. Noch heute ist er Inhaber des Ethik-Labors in Baden (www.ethik-labor.ch), Verlagsleiter der Edition Volles Haus (www.volleshaus.ch), Herausgeber und Autor diverser Artikel und Bücher. Im Frühling 2016 wurde bei ihm Amyotrophe Lateralsklerose (ALS) diagnostiziert.

Gedichtbände

Alle Gedichte stammen aus den zwei Gedichtbänden oder sind noch unveröffentlichte Werke von Thomas Gröbly.

Thomas Gröbly: «Inmitten – Gedichte 2008-2018». Basel 2018

«Thomas Gröblys Gedichte kommen mitten aus dem Leben, aus dem Werden und Vergehen, entzünden sich in einer alltäglichen Situation, einem starken Gefühl, einer diffusen Stimmung, einer bohrenden Frage oder einer lästigen Irritation. Sie reihen Wort an Wort, Vers an Vers, mit dem Wortklang spielend, die Bedeutungen auslotend. Sie beleben sich mit Spinnfäden, Bergbächen und Sonnenblumen. Sie tanzen und klagen, denken und danken, preisen und grübeln, bitten und beten, schnurren und schimpfen, loben und zeihen.»

Aus dem Vorwort von Pavel Novak

Thomas Gröbly: «Dazwischen – Gedichte 2018-2020». Basel 2020

«Die Gedichte von Thomas Gröbly sind versunkene Fokussierung, sie sind Konzentration und auch Transformation. Sie berühren, weil in ihnen eine Stimme vorsichtig, nervös, prüfend, genau, wund unterwegs ist. Weil da einer spricht, der trotz all des Unentrinnbaren gut mit sich ist, gut mit seiner Welt umgeht. Wie sollte es keinen Zorn geben, wie sollte der Blick nicht flackernd sein, aber für Mutlosigkeit ist hier kein Platz. In den Gedichten ist Weite, weil der Autor sie gewähren kann. Sein Credo: Das Mass der Dinge kommt von den Worten. Sie sind der Körper, der die Welt vermessen soll.»

Aus dem Vorwort von Andreas Petersen

Cover

Die Vorlage für das Cover ist aus dem Buch Woodcut: Bryan Nash Gill, «Ash, 2003» in Woodcut by Bryan Nash Gill (New York: Princeton Architectural Press, 2012), pg. 21

«What is the soul of a tree? The question is subjective, the answer in the eye of the beholder. From the tree's perspective, it might be the sum of the seasons of its life. The droughts suffered, the sunshine savored. But the tree cannot bear witness to its own greatness. It cannot see its own deep roots, or the influence of its own spreading branches. It is up to the observer to give meaning to the tree's existence.» Bryan Nash Gill

«Was ist die Seele eines Baumes? Die Frage ist subjektiv, die Antwort liegt im Auge des Betrachters. Aus der Sicht des Baumes könnte es die Summe der Jahreszeiten seines Lebens sein. Die erlittenen Dürren, der genossene Sonnenschein. Aber der Baum kann seine eigene Grösse nicht bezeugen. Kann seine eigenen tiefen Wurzeln oder die Wirkung seiner eigenen ausgebreiteten Zweige nicht sehen. Es liegt am Betrachter, der Existenz des Baumes einen Sinn zu geben.» (Übersetzung: Thomas Gröbly)

Aus: https://www.bryannashgill.com